四川外国语大学重点学科研究项目（项目编号：SISUZD1406）

重庆市社会科学规划项目（项目编号：2013YBGL135）

基于城乡统筹视角的农村新型金融组织发展研究

——国际经验与重庆案例

李　训　著

中国财富出版社

图书在版编目（CIP）数据

基于城乡统筹视角的农村新型金融组织发展研究：国际经验与重庆案例／李训著. —北京：中国财富出版社，2017.6

ISBN 978－7－5047－6543－7

Ⅰ.①基… Ⅱ.①李… Ⅲ.①农村金融—金融组织—发展—研究—中国
Ⅳ.①F832.35

中国版本图书馆 CIP 数据核字（2017）第 164407 号

策划编辑	葛晓雯	**责任编辑**	惠 婳			
责任印制	石 雷	**责任校对**	杨小静		**责任发行**	敬 东

出版发行	中国财富出版社			
社　　址	北京市丰台区南四环西路 188 号 5 区 20 楼		**邮政编码**	100070
电　　话	010－52227588 转 2048/2028（发行部）		010－52227588 转 321（总编室）	
	010－68589540（读者服务部）		010－52227588 转 305（质检部）	
网　　址	http://www.cfpress.com.cn			
经　　销	新华书店			
印　　刷	北京九州迅驰传媒文化有限公司			
书　　号	ISBN 978－7－5047－6543－7/F·2790			
开　　本	710mm×1000mm　1/16		**版　次**	2017 年 12 月第 1 版
印　　张	12.25		**印　次**	2017 年 12 月第 1 次印刷
字　　数	207 千字		**定　价**	68.00 元

前　言

近年来，中国金融市场得到了高速发展，但长期以来受工业化和城市化发展战略等影响，中国金融市场的二元结构矛盾突出，农村金融机构发展相对滞后，特别是中西部地区的农村金融发展还处于萌芽状态。由于受经济发展程度以及农户经营能力和道德认识水平的影响和制约，特别是追求资金效益的企业化行为，使得农村地区缺乏商业性保险、证券、担保、信托投资、租赁等金融机构。为了改善农村金融生态，中国农村金融体制的增量改革开始推进，2006 年银监会发布的《关于调整放宽农村地区银行业金融机构准入政策　更好支持社会主义新农村建设的若干意见》，鼓励各类社会资本参与设立村镇银行、小额贷款公司和农村资金互助社等新型农村金融组织。随着农村金融体制改革的推进，农村新型金融组织也雨后春笋般涌现出来。尽管如此，客观上讲，完全意义上的农村金融组织体系在中国尚未发育成熟。本书针对这种情况，从金融产品供给制度、统筹城乡发展以及政府金融组织创设主体和监管组织行为的多重视角对农村金融市场发展和农村新型金融组织进行分析，并针对出现的主要问题，提出了严格市场准入条件、加强风险控制能力、拓宽资金来源渠道、完善监管和政策扶持机制、优化金融环境和完善农业保险体系等政策建议。

本书共分为 11 章，各章内容如下：

第 1 章：绪论。本章首先提出研究背景及理论与现实意义；其次对本书的主要内容、研究目的、研究方法等内容进行了阐述；最后提出本书与已有研究内容的不同之处。

第 2 章：理论基础与文献回顾。本章首先对现代金融的基础理论进行了相应的回顾；其次对农村金融的基础理论进行了阐述，包括农业补贴信贷理论、农村金融市场理论、金融抑制理论与金融深化理论、不完全竞争市场理论、局部知识理论；再次对城乡统筹经济发展的理论进行了分析，包括城乡

统筹发展内涵与内容、城乡发展不协调原因、促进城乡统筹经济发展的措施、金融发展促进城乡统筹经济；最后对本书涉及的相关文献进行了回顾。

第3章：国外经验借鉴。本章主要对国外农村金融的实践经验进行了分析，主要包括美国、法国、德国、日本、印度以及孟加拉的农村金融经验。研究发现，值得中国农村金融发展借鉴的经验包括：农村金融体系的构建要适合本国经济社会条件；构建多元化与适度竞争的农村金融体系；政府支持是重要的力量来源；现代化的农村保险制度、完善的法律体系是农村金融的基础保障。

第4章：农村金融发展与城乡统筹经济发展。本章首先分析了城乡统筹经济发展的内容，并提出城乡统筹发展的空间路径是城镇化；其次分析了中国金融市场的二元结构问题；最后分析了农村金融发展与城乡统筹经济发展的关系以及农村新型金融组织、农村金融发展与城乡统筹经济发展的关系。在对我国城乡统筹现状及问题进行分析时发现，我国城乡经济社会的发展水平存在较大差异，而且城乡间的经济差异还在逐步扩大，造成这一现象的原因在于城乡二元结构、既得利益者对于改革的阻挠以及制度变迁的路径依赖，而改变这一现象的措施就在于改变二元结构、消除劳动力市场分割以及制度变革；在对统筹城乡发展的空间路径进行分析时发现，城镇化是一种较好的方式，因此需要以促进经济发展方式加快城镇化，同时以农民工市民化加快城镇化；在对中国金融市场二元结构进行分析时发现，中国金融市场中依然存在二元性的问题，而且相比城市金融市场，农村金融市场更加脆弱；在对农村金融发展与城乡统筹经济发展的关系进行分析时发现，虽然农村金融的发展能够最终促使城乡统筹经济发展，但是由于城乡资金合理配置的市场化机制还没有形成，农村金融发展尚不能完全适应统筹城乡发展的要求；在对农村新型金融组织、农村金融发展与城乡统筹经济发展进行的研究以及在通过供需视角以及劳动力视角进行的分析均表明，农村新型金融组织的发展会对城乡统筹经济发展起到良性的影响，但是需要以农村金融发展作为产生影响的媒介。

第5章：中国农村金融组织及市场发展分析。本章首先分析了中国农村金融制度及金融组织的演进；其次分析了中国农村金融市场的供需结构；最后分析了中国农村金融组织的发展现状。研究发现，从中国农村金融制度及农村金融组织的演进来看，主要分为三个阶段，即农村金融制度初创探索阶段、调整发展阶段和深化改革阶段；从中国农村金融市场的供需状况来看，中国农村金融的资金供求缺口不断放大，供求矛盾日益突出，农村金融的需求处于抑制状态，而农村金融同样存在严重的供给不足问题，其中农民贷款难的主要原因在于贷款利息高、贷款结构不合理、缺乏专业人才以及贷款手续繁多，所以农村金融的"供给领先"与"需求追随"需要根据实际情况来确定；从中国农村金融组织的发展现状来看，一方面，当前农村金融供给严重落后于城市金融供给，农村金融与城市金融差距进一步扩大；另一方面，我国的农村正规金融体系中商业性金融、政策性金融、合作性金融都已具备，彼此分工合作，而新型农村金融机构也已经开始发挥作用。

第6章：中国农村新型金融组织的主体分析。本章主要分析了中国农村新型金融组织的三种形式，即村镇银行、小额贷款公司和农村资金互助社。研究发现，村镇银行是为当地农村人口或者农村企业提供服务的银行机构，在产权结构、治理结构以及经营目标方面具有特殊性，但是当前村镇银行的发展仍存在着功能未能完全发挥、流动性风险大、控股模式单一以及结算系统孤立的问题，因此需要正确处理政府与市场的关系、拓宽融资渠道以加大吸收储蓄的力度、完善股权结构、因地制宜地发展以及加强监督管理；小额贷款公司是由自然人、企业法人或社会组织投资设立的，不吸收公众存款，经营小额信贷业务的有限责任公司或股份制有限公司，存在信贷技术匮乏、风险控制意识和能力薄弱以及高利率引发的"挤出效应"和可持续问题，因此需要提高小额贷款公司的自主创新能力、加强内部控制和风险控制能力、明确小额贷款公司身份与地位以及完善相关法律；农村资金互助社是经银行业监督管理机构批准，由乡（镇）、行政村农民和农村小企业自愿入股组成，为社员提供存款、贷款、结算等业务的社区互助性银行业金融机构，具有规模小、运营成本低、资产风险低以及贷款利率与村镇银行相同的特征，存在的问题主要是规模小及数量少、短期性、预期目标差异、自我管理能力低下以及贷款风险高，而存在这些问题的主要原因在于缺乏政府支持、信用较低、盈利能力较差、缺乏专业人员以及思想观念问题，因此需要加强政策引导、给予财政补贴、扩宽融资渠道、加强人才培养以及加强宣传。

第7章：中国农村金融组织创新的政府行为分析。本章首先分析了政府行为与农村金融组织的关系；其次利用博弈论的政治锦标模式分析了转轨时期的政府行为模式；再次分析了政府行为对农村金融产品的影响机制；最后设计了促进地方政府加强农村新型金融组织建设工作的机制。在分析政府行为与农村金融组织发展方面，一方面，政府行为会在农村金融组织的发展过程中出现"双失灵"，即"市场失灵"与"政府失灵"；另一方面，政府在新型农村金融机构的发展中依然扮演领导角色，而农村金融机构则处于被控制局面，但是中央政府与地方政府的影响是不同的。在分析转轨时期我国政府的行为模式方面，在分别对政府行为的政治锦标赛模式、政府锦标赛的委托代理关系以及政治锦标赛的竞争关系进行博弈论的分析后发现，虽然政治锦标赛存在很多问题，但是政治锦标赛具有一定的好处，尤其是政治锦标赛所具有的竞争压力，会迫使竞赛者使用最小成本攫取最大利益，这种动机会对中国的农村金融改革产生深远影响。在分析政府行为对农村金融产品的影响方面，发现政府应该在农村金融改革中扮演的角色包括引导者、规则制定者、支持保障者以及金融市场监管者。在分析促进地方政府加强农村新型金融组织建设工作的机制设计方面，相应的机制设计原理是政治锦标赛中委托代理关系的激励相容约束机制，而机制设计思路则是：首先应提高工作在锦标赛中的权重；其次增加中央政府的扶持资金；最后加强中央政府的政策扶持。

第8章：中国农村新型金融组织的发展路径。本章首先分析农村新型金融组织发展的总体路径；其次分析了如何完善农村新型金融机构的法律制度的方法；最后分析了农村新型金融组织的具体制度创新。研究发现，从农村新型金融组织发展的总体路径来看，首先，需要推动制度变迁，促进农村新型金融组织的发展；其次，需要打破农村金融市场的垄断；再次，需要坚持农村金融发展的市场化方向；最后，需要强调区域实际、因地制宜地发展新型农村金融组织。从完善农村新型金融机构的法律制度来看，首先，需要打破农村金融立法的路径依赖；其次，需要建立完善的农村金融法律框架。从农村新型金融组织的具体制度创新来看，首先，需要创新产权制度，促进农村金融市场产权的明晰；其次，需要完善农村新型金融组织的法人治理结构；最后，需要重构农村金融监管体系。

第9章：农村金融行为与新型金融组织的实证分析：重庆案例。本章以重庆市农村金融市场为案例，分析了农村新型金融组织的现实状况。通过对重庆市村镇银行的研究发现，重庆市村镇银行存在的主要问题是功能尚未发挥、存贷差扩大和流动性风险加大、控股模式单一以及结算系统孤立和信息不畅通，而相应的对策则是正确处理政府与市场的关系、拓宽融资渠道、完善股权结构、因地制宜发展以及加强监督管理。通过对重庆市小额贷款公司的研究发现，重庆市小额贷款公司存在的主要问题是信息技术匮乏、风险控制意识和能力薄弱以及高利率引发的"挤出效应"和可持续问题，而相应的对策则是转变经营观念、严格执行利率管理规定、提高贷款利率透明度以及坚决打击高利贷行为。通过对重庆市农村资金互助社的研究发现，重庆市农村资金互助社的主要问题是规模小、数量少、互助性功能明显不足、发展目标存在差异、自我管理能力低下以及贷款风险高，而相应的对策则是制定有效政策引导、基于财政补贴、扩宽融资渠道、加大人才培养以及加强宣传。通过对重庆市小额信贷担保公司的研究发现，小额信贷担保公司的发展对策主要是加大金融机构的合作，在县域范围内培育起健康的民间借贷机构与正规金融组织相补充以及尽快完善农业保险制度。

第10章：对策建议。本章主要针对前述研究，提出相应的发展农村金融市场的对策建议。研究发现，应科学定位政府目标、加强市场服务职能；应打破城市与农村的二元金融结构、推动城乡经济和谐发展；应重视农村金融制度创新；应培养农村金融市场中的竞争主体。

第11章：研究结论与展望。本章首先总结了以上各章节的研究结论，并提出进一步的深刻结论，并针对进一步的后续研究提出相应的展望。

本书的研究工作得到四川外国语大学重点学科研究项目（项目编号：SISUZD1406）、重庆市社会科学规划项目（项目编号：2013YBGL135）的资助。

李 训

2017 年 5 月

目　录

1 绪　论

1.1　研究背景与研究意义

1.1.1　研究背景

2005 年 10 月，党的十六届五中全会通过了《中共中央关于制定国民经济和社会发展第十一个五年规划的建议》，其中明确指出"建设社会主义新农村是我国现代化进程中的重大历史任务"，并专题叙述了建设社会主义新农村的目标和任务。此后，党的十六大也同时第一次提出了"需要统筹城乡经济社会发展"。从统筹城乡发展与金融业发展之间的关系来看，统筹城乡发展必将带来金融关系的深化，并带动农村金融业的快速发展，而农村金融业发展也必将促进城乡经济社会的协调发展，能够成为促进城乡协调的新动力。农村金融作为农村经济发展中最为重要的资本要素配置制度，其产生的作用会越来越明显，农村金融兴，则农业兴；农村金融活，则农业活。改革开放以来，我国经济发展取得了举世瞩目的成绩，金融业的发展也伴随着经济的发展取得了长足进步。但是，农村金融仍然是我国整个金融体系中最薄弱的环节，总体来讲，农村金融仍然远远滞后于农村经济的发展，也无法满足当前农村企业以及农民的信贷需求。

从中国农村金融发展的历程来看，主要经历了三个特定的发展阶段，即农村金融制度初创探索阶段、农村金融制度调整发展阶段以及农村金融制度深化改革阶段。随着我国改革开放后经济的发展，农村经济也相应发展迅猛，与此相适应的是，农村金融市场的广度和深度都发生了重大变化，从而促进了农村金融制度的不断深化改革。我国农村金融组织完成了两次重大的机构重组性改革：一次是政策性金融从农业银行分离；另一次是农村信用社从农业银行分离。1994 年我国政府成立了中国农业发展银行，这是直属国务院领导的国有政策性银行，也是我国唯一的一家农业政策性银行。1996 年年底，根据《国务院关于农村金融体制改革的决定》，中国农业银行与农村信用社脱离了行政隶属关系，变为同业的关系，农村信用社的业务管理和金融监督分别由农村信用社县级联社与中国人民银行负责，按合作制原则加以规范，把农村信用社逐步改为由农民入股、由社员民主管理，主要为入股社员服务的合作性金融组织。经过两次机构改革之后，农业银行摆脱了身兼管理性、政策性和商业性银行的身份，逐步转变为单纯的商业银行，走上商业化的发展道路，按照现代商业银行的经营管理机制运行，并选择了逐步降低农业地区业务而主要进行城镇业务的发展战略，并在全国范围内基本上撤销乡级以下的营业网点。从市场效率上讲，以农业银行为代表的商业银行撤离农村地区是理性化的选择，因为这些资产规模巨大的国有商业银行，会因为具有更佳的比较优势从而更适合在城市地区进行发展。但是农业银行从农村的撤离客观上也造成了农村金融供给的严重不足。由此可见，改革开放以来，我国农村金融改革主要由政府主导、自上而下地推动，基本属于强制性的制度变迁。这种自上而下的制度安排，事实上难以充分反映"三农"实际和满足农村微观主体的要求，并导致我国农村金融长期低效率、高成本、高风险地运行。为了改变农村金融市场供给不足的现状，2004 年之后的连续七年间，七个围绕"三农问题"的"中央 1 号"文件为中国农村金融的发展指明了体制改革的确切方向，并为有关部门及地方政府制定小额信贷发展政策、具体部门规章制度以及地方性法规做出了指导性思想，提出了应加快金融体制的改革和创新、改善农村金融服务，并鼓励发展多种形式的小额信贷业务和小额信贷组织的具体实施方案。2005 年，我国开始在部分地区探索新型农村金融机构改革试点，允许在农村地区设立"村镇银行""小额贷款公司"以及"农村资金互助社"形式的金融机构，以扶持农村地区的发展。

为了健全农村金融市场体系，改善农村金融生态环境，我国政府进行了农村金融体制的增量改革。2006 年 12 月 21 日，银监会发布了《关于调整放宽农村地区银行业金融机构准入政策 更好支持社会主义新农村建设的若干意见》（以下简称《新农村建设的若干意见》），标志着这项改革的正式开始。《新农村建设的若干意见》鼓励各类资本以设立村镇银行、贷款公司及资金互助合作社的模式参与和活跃农村金融，从而能够为新型农村金融组织在我国的合法化提供一定的政策基础。2008 年 10 月 12 日发布的《中共中央关于推进农村改革发展若干重大问题的决定》则强调需要创新农村金融体制，放宽农村金融准入政策，加快建立商业性金融、合作性金融、政策性金融相结合的农村金融体系，规范发展多种形式的新型农村金融机构和以服务农村为主的地区性中小银行，坚持农业银行为农服务的方向，稳定和发展农村金融服务网络，大力发展小额信贷，鼓励发展适合农村需要特点的各种微型金融服务，允许农村小额金融组织从金融机构融入资金。至此，中央政府进一步明确了促进多元化的农村金融机构组织、培育竞争性的农村金融机构体系以及融合地方化和小型化的农村金融组织的基本发展思路。

21 世纪初，我国大力推进农村金融体制改革。2005 年，中国人民银行推行了小额贷款公司的试点；2006 年，银监会也推进了新型农村金融机构的试点，加快建立了村镇银行、小额贷款公司和农民资金的互助组织；2007 年，邮储银行成立，同年《农民专业合作社法》则正式颁布，随之，农村新型金融组织如雨后春笋般涌现出来。截至 2010 年 11 月底，全国共组建的新型农村金融机构有 425 家，资本总额达到 150 亿元人民币，当年实现利润额有 8.6 亿元人民币。但是从客观上讲，我国农村金融的体制改革还远远落后于整个金融体制改革的进程，农村金融机构自身的健康和可持续发展还有待进一步加强。2008 年中国人民银行公布的数据表明，中国农村金融服务的空白乡镇大约仍有八千多个，即使在浙江省这样的资本高度集中的区域，农村金融服务的空白乡镇竟然也达到 153 个。据中国银监会 2008 年发布的《中国银行业农村金融服务分布图集》显示，平均每万名农村人口拥有的银行业金融机构数量为 1.54 个，略高于 2007 年的 1.26 个；平均每万名农村人口拥有的银行业金融服务人员为 15.89 人，比 2007 年增加了 3.41 人；零金融机构乡镇数量则进一步减少，2007 年年末为 2868 个，比上年减少了 434 个。虽然农村金融的服务状况发生了一些积极性的变化，但要从根本上解决我国城乡金融资源二元化和金融区域配置的不平衡等问题以及加强和完善农村金融服务的工作，仍然任重而道远。当前农村金融存在的主要问题及需要的发展主要表现在：一是农户贷款提供者十分集中，从农村合作金融机构和农业银行获得贷款的农户数占全国获得贷款农户的比例高达 98.7%，也就是说极少的农户会通过其他途径获得贷款；二是人均贷款水平差距仍然很大，县级及县级以下农村地区的人均贷款额约在 7700 元，而城市的人均贷款额则为 3.5 万元，可见城市人口的贷款额度为农村人口贷款额度的约 5 倍；三是农村地区金融市场竞争不充分，全国每 8901 个乡镇中只有 1 家银行业金融机构网点，这种金融服务的集中造成了无竞争的恶性发展；四是金融资源区域配置不平衡，东、中、西部区域间以及区域内经济发展水平不同的农村地区的金融资源配置差距较大，从而不同地区农村经济发展能够得到的金融服务差距也较大。可以说，当前我国农村金融组织体系创新方面并没有迈出实质性的步伐，大多数农村低收入群体的金融排斥性已经成为阻碍我国金融深化的瓶颈。农村金融组织发展的严重滞后制约了农村经济发展的需求。因此，大力发展农村新型金融组织，为广大农村居民提供优质金融服务便成为我国金融改革的核心问题之一。

因此，本书针对当前新型农村金融机构发展面临的问题，采取政治经济学的方法研究我国农村金融市场和金融机构的发展，从金融产品供给制度、统筹城乡发展以及政府金融组织创设主体和监管组织行为的多重视角，对我国农村新型金融组织的发展进行分析，并提出放宽市场准入条件、加强风险控制能力、拓宽资金来源渠道、完善监管和政策扶持机制、优化金融环境和完善农业保险体系等一系列的相关政策建议。

1.1.2　研究意义

1. 理论意义

对于农村新型金融组织的理论研究，一是对农村金融发展理论的重要补充，这是因为农村金融发展理论本身就含有农村金融组织的理论研究，对于新型金融组织的理论研究，有利于进一步完善中国农村金融市场的理论体系；二是对农村金融制度变迁的理论延伸，这是因为农村新型金融组织的出现，有利于促进中国现有的农村金融制度的理论改进，能够完善农村金融制度，也可以刺激农村金融制度的变迁；三是对农村经济发展理论的丰富和发展，这是因为农村新型金融组织建立的最终目标就是为了统筹城乡经济，使得农村经济得到发展，所以对于农村金融组织进行理论上的研究，也就对农村经济发展的实践具有重要的理论指导意义。

同时，对于中国农村金融市场而言，农村新型金融组织还是一个较为新鲜的事物，在中国农村金融市场中存在的历史较短，因此相关的对于农村新型金融组织的研究也就较少，尤其是对农村新型金融组织进行系统研究的就更少。因此本书以农村新型金融组织为研究对象，在统筹城乡经济背景下对这一问题进行研究，包括从宏观方面研究农村新型金融组织对农村金融市场及统筹城乡背景的影响，从微观方面对农村新型金融组织的主体以及相应的政府行为的研究，更加有利于丰富和完善农村新型金融组织的相关文献。

2. 现实意义

当前，我国的金融组织体系依然是国有商业银行居于垄断性地位的状态，以中国银行、建设银行、工商银行及农业银行为首的四大国有商业银行的信贷业务量占据整个金融市场的近九成，其他股份制商业银行及非银行的金融机构的业务量及资产规模远远达不到国有商业银行的水平，而且这些金融机构的业务领域也受到一定程度的限制。尤其是在农村地区，农村人口及农村中小企业由于缺乏足够的信用资产，而无法通过正规的商业金融机构得到应有的金融服务，而且这些农村地区，往往由于地域限制、交通及通信设施的缺失、银行对于农村居民信用状况的缺失以及金融产品的高利率，进一步将农村地区需要金融服务的居民及企业排除在外。因此，对于相关政府部门而言，大力培育新型农村金融机构，对于探索建立农村金融供给的新渠道，创造农村金融服务的新模式，具有重大的现实意义。

为满足日益加速的中国农村经济发展的要求，农村新型金融组织建设发展的推动势在必行。新型农村金融机构的产生源自农村人口金融的内在需求，能够较好地解决农户和乡镇小微企业贷款难的现实问题。本书正适应这一难题，为我国建设新型农村金融组织的发展提供依据与现实建议。一方面，本书针对新型农村金融机构发展面临的问题，提出了严格的市场准入条件、加强风险的控制能力、拓宽资金的来源渠道、完善监管和政策扶持机制、优化金融环境和完善农业保险体系等相应的政策建议；另一方面，本书重点研究了我国农村金融市场和金融机构的发展，从金融产品供给制度、统筹城乡发展以及政府金融组织创设主体和监管组织行为的多重视角对农村金融市场发展进行分析，认为新型农村金融组织的创建很难找到一个全国普适的制度模式，所以需要从不同地区农村以及农村人口的实际情况出发，契合当地的经济发展综合水平，发展适合地方农村经济发展的金融组织结构的方式。因此，

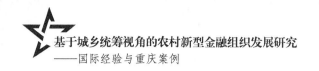

本书的相关研究有利于完善我国新型农村金融组织发展的现实不足，有利于缓解和解决当前农村金融改革进程的相应矛盾。

1.2　主要内容与研究目的

1.2.1　主要内容

近年来我国金融市场得到了高速发展，而农村金融机构的发展却相对滞后，特别是基于农村金融主体的理论研究还很缺乏，本书提供了一个较为系统的研究框架。基本研究思路为，从金融产品供给制度、统筹城乡发展以及政府金融组织创设主体和监管组织行为的多重视角对农村金融市场发展进行分析，并针对新型农村金融机构发展面临的问题，提出了严格市场准入条件、加强风险控制能力、拓宽资金来源渠道、完善监管和政策扶持机制、优化金融环境和完善农业保险体系等政策建议。

基于此研究思路，本书主要分为 11 章，各章主要内容为：

第 1 章：绪论。本章首先提出研究背景及理论与现实意义；其次对本书的主要内容、研究目的、研究方法等内容进行了阐述；最后提出本书与已有研究内容的不同之处。

第 2 章：理论基础与文献回顾。本章在对现代金融理论基础进行阐述的基础上，对农村金融的基础理论进行了分析，并分析了统筹城乡经济发展的研究，同时梳理了国外和国内在本书研究方面已经取得的成果。

第 3 章：国外经验借鉴。本章主要对国外农村金融的实践经验进行了分析，主要包括美国、法国、德国、日本、印度以及孟加拉的农村金融经验。

第 4 章：农村金融发展与城乡统筹经济发展。本章首先分析了统筹城乡经济发展的内容，并提出城乡统筹发展的空间路径是城镇化；其次分析了中国金融市场的二元结构问题；最后分析了农村金融发展与城乡统筹经济发展的关系以及农村新型金融组织、农村金融发展与城乡统筹经济发展的关系。

第 5 章：中国农村金融组织及市场发展分析。本章首先分析了中国农村金融制度及金融组织的演进；其次分析了中国农村金融市场的供需结构；最后分析了中国农村金融组织的发展现状。

第 6 章：中国农村新型金融组织的主体分析。本章主要分析了中国农村新型金融组织的三种形式，即村镇银行、小额贷款公司及农村资金互助社。

第 7 章：中国农村金融组织创新的政府行为分析。本章首先分析了政府行为与农村金融组织的关系；其次利用博弈论的政治锦标模式分析了转轨时期的政府行为模式；再次分析了政府行为对农村金融产品的影响机制；最后设计了促进地方政府加强农村新型金融组织建设工作的机制。

第 8 章：中国农村新型金融组织的发展路径。本章首先分析农村新型金融组织发展的总体路径；其次分析了如何完善农村新型金融机构的法律制度的方法；最后分析了农村新型金融组织的具体制度创新。

第 9 章：农村金融行为与新型金融组织的实证分析：重庆案例。本章以重庆市的农村金融市场为案例，分析了农村新型金融组织的现实状况。

第 10 章：对策建议。本章主要针对前述研究，提出相应的发展农村金融市场的对策建议。

第 11 章：研究结论与展望。本章首先总结了以上各章节的研究结论，并提出进一步的深刻结论，并针对进一步的后续研究提出相应的设想。

1.2.2 研究目的

根据主要研究内容，本书主要希望通过对相应内容的研究，从而对以下几个问题有较为深入的了解：

第一，我国农村金融组织发展滞后的现状及根源。我国农村金融改革在原有体制框架内对存量金融机构进行商业化改革很难真正推动农村新型金融组织的发展。从金融市场的基本概念和基本理论入手，研究农村金融市场培育和农村金融组织发展的必要性和现实意义。回顾我国农村金融市场发展并对现状进行分析，得出我国农村金融市场和金融机构的基本特征。同时，不断放松研究前提，分析信息不对称及行为主体有限理性条件下的市场主体博弈行为与农村金融组织发展的约束条件。

第二，城乡统筹发展对我国农村金融发展的影响机理。分析城乡统筹发展对农村金融产业的拉动效应，分析农村金融组织发展对农村金融市场培育的关键作用，分析我国农村金融体系和金融组织发展中的决策机制、调控机制等。

第三，农村金融组织发展中的政府行为。在按照传统的经济学范式研究我国农村金融组织发展时，必须考虑我国转轨时期的特殊背景。对新型农村金融组织的长远发展而言，政府的角色和作用十分重要，本书基于外生冲击—内部作用机制的分析框架，从我国农村金融市场最主要的外生冲击—政府行为入手，分析其目标函数、最优行为选择与农村金融市场发展滞后的关系，并运用实证分析政府行为的效应。

第四，农村新型金融市场中的利益博弈。农村金融市场中的利益集团主要有地方政府、国有银行、新型农村金融组织和农民等主体，这些主体之间是一个相互联系、相互作用、相互耦合的有机整体，只有这些主体的有机耦合和动态协同，才能保持农村金融市场系统的持续性和均衡性。本书采用微观经济分析方法，分析农村金融市场发展中存在的高信息成本和激励不相容的情况，结合制度经济学的分析工具，探讨农村金融市场利益分配格局是如何形成的，有哪些重要的因素使得这种非均衡得以维持。

第五，新型农村金融机构的功能定位。从内部因素看，新型农村金融机构主要有本土化、多样化、灵活性等优势；从外部环境看，新型农村金融机构的发展面临着难得的政策机遇。我国农村金融发展滞后，加之社会保障体系不健全，现有农村金融机构难以满足农村多层次、多样化的资金需求，无法获得稳定的现金流，实际上早已被传统商业银行排除之外，对于这些农民和农村民营小企业而言，最迫切需要的是能够为其解决燃眉之急、贷款门槛低的金融机构。新型农村金融机构就是基于这样的功能定位应运而生的。

第六，我国农村新型金融组织发展滞后的治理对策。本书旨在破解农村金融发展困境的路径选择，建立农村金融组织发展的路线图，为推动我国农村新型金融组织提供理论支撑和政策参考。鉴于目前我国农村金融组织发展的现实状况，本书提出必须从农村金融体系的整体着眼，针对地方经济实际，逐渐形成一个完善和高效的农村金融组织体系。

1.3 研究方法

第一，实证分析与规范分析相结合的方法。实证分析与规范分析是经济学分析中的常用方法。简单讲，实证分析着重描述特定经济现象"是什么"的问题，而规范分析侧重于对经济现象"应该如何"进行价值判断。本书既要进行实证分析，对农村金融发展的现状、发展模式进行客观描述，又要进行规范分析,对农村金融机构机遇、挑战、优势与劣势进行理性判断,以提出符合实际情况的新型农村金融机构的对策和措施。

第二,定性分析与定量分析相结合的方法。任何事物都包括"质"与"量"两个方面的规定性,"质"是事物存在的基础,"量"是事物质的体现。定性分析是事物分析的前提,定量分析是定性分析的延伸。只有将定性分析与定量分析相结合,才能剖析出事物的全貌。对新型农村金融机构发展的认识,既要定性,又要求用相当的经济指标来支撑,只有这样,才能得出科学的结论。

第三,比较分析法。有比较才有区别,通过比较发现对象间的差异,进而分析差异存在的原因,才能抓住问题的关键,最终提出切实可行的解决方案。本书通过借鉴国外农村金融发展较好的模式,尤其是农村新型金融组织发展良好的模型,与国内实际情况进行比较,从而提出适合国内农村发展的新模式。

第四,博弈论方法。农村金融组织发展滞后形成的一个重要原因是信息不对称下产生的中央政府与地方政府的博弈。本书采用博弈论的建模工具等方法来构建、分析、求解农村新型金融组织的发展问题。

1.4 创新之处

与已有研究相比,本书主要创新之处在于:

第一,本书运用数理模型对中国农村金融市场进行相应的经济分析。另外,本书还将经济学中常用的方法,如博弈论,创新性地运用到农村新型金融机构发展中的政府行为效力分析中。

第二,本书将城乡统筹纳入农村新型金融机构的研究框架中。根据外部冲击—内部作用机制的研究框架,深入剖析我国农村新型金融机构发展问题形成的根源,以便能够更准确地把握当前中国农村金融市场发展滞后的实质根源,从而为提出合适的政策建议提供依据。

第三,本书进一步运用制度经济学的分析方法将农村新型金融组织发展中的制度缺陷与政府行为进行深度分析,从而能够为改善农村新型金融组织发展提供相应的制度依据。

2 理论基础与文献回顾

农村金融属于国家金融体系中相对较为特殊的部分，但是农村金融依然具有普通金融体系的基本属性，因此本部分将首先对普通金融体系的基础理论进行梳理。同时，考虑到农村金融体系的特征，本部分将单独对农村金融的基础理论进行阐述。发展农村金融，或者说发展农村新型金融组织，最终目的是为了发展农村经济，尤其是在中国，城乡统筹经济才是发展农村金融的最终意义，考虑到后文的研究内容，本部分也会对城乡统筹经济发展的相关研究进行梳理。最后，本章将对本书内容涉及的相关文献进行进一步回顾。

2.1 现代金融基础理论

农村金融理论应该是在基本的现代金融理论的基础上，融合农业经济发展的特征而产生的。也就是说，部分现代金融理论的建立与发展，对农村金融理论的出现产生了重要的意义。因此，本书将对影响农村金融理论的现代金融理论的初步建立及发展进行简单介绍。

2.1.1 现代金融理论的初步建立

1. Gurley 和 Shaw 的理论观点：货币金融

古典经济学家认为货币只是实体经济层面的问题，只具有交换的媒介功能，但是 Gurley 和 Shaw 却提出了不同的观点，认为金融在国民经济的发展过程中具有重要性，金融体系会将货币的国民储蓄功能转化为投资功能，从而构建了"货币金融理论"。

Gurley 和 Shaw 的主要观点认为：首先，货币金融理论中的货币只是一个代称，也就是说这里的货币金融理论指的是广义的金融，货币只是其中的一种金融资产，还应该包括更多的金融资产；其次，金融体系的构建可以将资金从盈利部门向亏损部门转移，从而弥补亏损部门越来越亏的恶性循环；最后，金融体系是一个综合体，包含金融市场、金融工具及金融中介等多项金融机构。

2. Patrick 的理论观点："需求追随"与"供给领先"

Patrick（1966）发表的《欠发达国家的金融发展和经济增长》发展了 Gurley 和 Shaw 的思想，将金融发展与经济增长的关系进行了研究方法上的探索，提出了现代金融理论发展中的"需求追随"与"供给领先"模式。

Patrick 的基本思想认为：首先，"需求追随"与"供给领先"之间是应该相互结合的，并不应该有特意侧重的一方；其次，"需求追随"与"供给领先"之间并非是完全互不影响的，而是相互交叉的，而且具体谁先谁后应视实体经济发展的具体状况而定。

3. Goldsmith 的理论观点：金融相关比率

Goldsmith（1969）在出版的《金融结构与发展》中创造性地提出了分析一个金融结构的八个定量指标，其中"金融相关比率"这一指标是最重要的，而且是量化一个国家或地区金融发展水平最重要的指标，对后续研究产生了深远影响。

Goldsmith 创造的"金融相关比率"的基本思想认为：首先，一个国家或地区的金融相关比率，应该越来越高，而且金融资产的增长应该是快于实体经济发展的；其次，一个国家或地区的稳定的金融相关比率应该维持在 1 ~ 1.5 的区间内。

Gurley 和 Shaw，Patrick 及 Goldsmith 提出的现代金融理论，都是在讨论金融对宏观经济所产生的作用，为现代金融理论的发展，尤其是农村金融理论的发展奠定了重要的基础。

2.1.2 现代金融理论的发展

20 世纪七八十年代，Mckinnon 和 Shaw 先后提出了通过金融深化的方法促进一个国家或地区的经济增长的模式，虽然他们分别进行了货币金融理论、货币金融政策及货币金融制度等理论分析，但是却得到了相似的结论，即认为由于发展中国家普遍存在金融抑制的问题，因而发展中国家需要进行金融自由化。这也就是"麦金农—肖理论体系"。

而在这之后，Stiglitz 运用内生经济增长理论，突破了"麦金农—肖理论体系"的理论架构，通过引入经济增长中的内生性、不确定性以及宏观监管因素等，探索了现代金融理论的发展，并提出了"金融约束理论"。

早期的理论突破了"货币即是金融"的狭隘观点，在广义金融的视角下，探索了金融理论的形成以及金融理论服务实体经济的发展模式。而进一步，由于现实中实体经济市场中存在竞争以及存在信息不对称等状况，因此现代金融理论又将这些现实因素纳入考虑框架，从而使得现代金融理论的发展更加符合现实状况，而提出的一些政策也能够更加符合各国的实际状况。

2.2 农村金融基础理论

农村金融的相关理论也是基于金融实践的发展而来的，通过对发达国家与发展中国家的观察了解，从而得出的对于实践经验进行的概括就是现在大多数的金融理论，而金融理论对于农村金融的现实状况来说却常常是在错误中不断完善的。对于农村金融的发展和农村金融政策的决策，实践经验的总结概括能产生指导和借鉴作用，一种可供参考的、支配性的理论支持着一种金融政策。理论的正确与否对指导实践有很重要的意义。在农村金融发展中，有几种比较有代表性的理论，即农业补贴信贷理论、农村金融市场理论、金融抑制理论与金融市场深化理论、不完全竞争市场理论以及局部知识理论。

2.2.1 农业补贴信贷理论

农业信贷在农业发展中起着不可估量的作用，理想的农村金融发展道路在金融市场发展的基础上，增加了一种信贷补贴计划以刺激金融在农村的发展。农业补贴信贷理论的起源可以追溯到 19 世纪，其中包括西班牙利用信贷方式将菲律宾的烟草种植物演变成为出口作物以及英国针对印度农村的深重债务所建立的金融反应等模式（冯匹斯克，1990）。同时，在印度存在着这样一种状况，即农业生产资金缺乏及高利贷压迫严重，而针对此状况，印度在1904 年对信贷合作社向农户提供信贷的行为进行合法化并且大力提倡。随后，这些现实经验的总结与提炼就发展成为农业补贴信贷理论，在当时，凯恩斯的经济思想也比较盛行。1966 年帕特里克认为政府应该有足够的预测能力，而这种预测需要一个金融机构在金融需求还未产生之前就已经被建立起来以解决资金不足的问题，并达到促进和刺激经济发展的作用，这种思想在政府干预方面得到了广泛的应用。而在 20 世纪 50 年代初期，美国国际开发署对一系列农业信贷计划十分感兴趣，一直到后来世界银行也不例外，因为农业信贷计划的实施会使信贷机构的贷出资金量增大。

农业信贷补贴理论有一个内在的前提，即贫苦阶层大都是没有积蓄能力的，资金不足问题较为严重。农业的收益性相对较低，投资期限又长，而且收入也具有很多不确定性，所以一般的商业银行是不会提供融资服务的，因此，在这种情况下，就需要政府发挥一定的作用。第一，由于非正式金融使得农户更加穷困并阻碍了农业生产的发展，如商人和地主等会发放以高利贷为特征的非正规金融，这就需要政府把大量的专项性补贴款项通过一些正规的农村金融组织注入到农村金融市场中，以逐渐使高利贷者从农村金融的市场中退出；第二，针对农村贫困和落后农业生产的现实状况，政府应建立专门的金融机构（如政策性农业银行）进行资金注入，从而使其对农村金融体系的建立产生重要的意义；第三，与其他产业相比，农业的融资利率更低，因此政府需要缩小农业与其他产业之间的结构性收入差距。

因此，一种信贷供给先行的农村金融战略是农业补贴信贷理论所支持的，而发展中国家也大多使用了这种信贷战略。实践表明，扩大农村信贷融资渠道给农业生产带来了极大的机会和利益，提高了贫穷的农户的积极性，这对于农业生产的增长意义非凡。然而现实中也会存在一些困境，出现了融资偏好只能满足少数人需要、农村人口储蓄意识较低、贷出款项回收难度大等严重问题。因此，对于自立和高效的农村金融体系而言，这个理论是失败和失效的，而失败的原因则是理论假设前提本身就缺乏足够的合理性。实际上，贫苦阶层同样具有储蓄需求意识和能力，众多贫困者会在存在激励机制和储蓄机会的现实中进行储蓄。在这种情况下，农村金融机构反而在分配贷款的时候会显得更为谨慎和效率化。

低利息贷款会产生逆向的选择。低息贷款也可以说是政府进行宏观调控的一项措施，因此也具有一定的政治性。这就给了一些官员及权势人员贪污腐败的机会，往往表现为有势力的人们较容易贷到款项，无势力的阶层则较难。可以推断，政府的这一举措反倒不能起到预期效果，农村金融市场被完全扭曲了。许多经验结果也表明，这样的低息贷款政策的实现是曲折的，而产生逆向选择的原因则是：第一，政府出台的优惠利率贷款最终没能到达农业生产的领域，反而大多是被贷给非农业部门，从而起到了反向作用。大多数农民改变了低息贷到款项的用途，而且做出这些行为的通常都是大农户。由于人们都愿意追求利益最大化，农业生产的收入低、期限长等特点注定会使农户将贷到的款项投入到收入相对较高的领域中，因此农户获得低息贷款时，首要选择并非是农业项目。第二，相同的道理，贷款人也不愿意将款项贷给贫困农户，因为农户的还贷能力较差，会直接影响到机构的资本营运状况，并且贷款机构总认为信贷补贴都是给一些弱势产业，这些贷款人因为考虑自身的经济效益，从而对农业贷款缺乏积极性，这也是司空见惯的状况。因此虽然通过农村金融的低息贷款，有一部分资金进入农业生产领域，但终究无法达到农业经济增长的最终目的。第三，在一定程度上低息贷款其实就是在歧视贫困阶层农户，一方面，发放的补贴贷款重量而不重质；另一方面，信贷发放的初衷是扶持农业生产而并非是扶持非农业生产，这样会造成发展的不平衡现象，也无法满足农民收入多样化的需要，而且由于信贷机构的计划是促进农村经济的大范围发展，放款时审核宽松也会导致出现贷款不能及时收回的现象。

2.2.2 农村金融市场理论

在 20 世纪 80 年代，由于全球经济处于转轨阶段，经济体制改革成为当时的一种浪潮，农村金融市场理论也逐渐兴起。农村金融市场论的主要前提与农业补贴信贷论完全相反（张元红，2002）。该理论认为：第一，贫苦阶层也是有储蓄意识和能力的，因此没有必要从外部向内部注入资金；第二，低利息阻碍了存款的增加，这样的政策对金融发展只会抑制而不能促进；第三，一部分贷款回收较难，其主要原因是运用资金的外部依存度过高。农村金融市场理论还认为，非正式金融的高利率是应该的，因为农村资金拥有比较多的机会成本。农村金融市场理论有一个假定条件，即信息是对称的，并且市场是完全竞争的，竞争主体是理性而不受干扰的。其核心内容包括：一是为特定利益集团服务，没有必要实行定向目标贷款制度；二是储蓄动员是关键，农村金融机构的最大作用在于农村内部的金融中介；三是在市场经济浪潮下，非正规金融也有存在的必要性，市场需要非正规金融与正规金融共同对市场经济发挥作用；四是在一定条件下，如平衡资金供求状况下，利率由市场决定，实际利率避免为负数；五是要推算融资额对农业生产到底产生怎样的贡献是较复杂的，农村金融营运的效果如何，需根据经营的自立性和可持续性及金融机构的成果来判定。

但是，农村金融市场理论的假设同样也存在不足。首先，现实的农村金融市场存在着较大的搜寻信息成本，这一成本在信息不对称的发展中国家尤为突出，而正是因为信息不对称导致的市场失灵，才会使农村金融市场体系紊乱；其次，农村金融市场化的制约是农村金融市场发展滞后的原因，农村金融市场动荡和不稳定的主要原因就是取消政府管制和忽视市场落后；最后，农村金融市场化是不适应发展中国家的，因为农村金融市场理论的研究对象是市场经济国家，其私有制经济基础是比较完善的，而发展中国家并不具备这一条件。在对农业补贴信贷论批判的基础上产生的农村金融市场理论，与政策性金融相比，强调了市场机制的作用，成为了 20 世纪 80 年代农村金融理论的主流学派。

2.2.3　金融抑制理论与金融市场深化理论

1973 年麦金农出版了《经济发展中的货币与资本》，爱德华·肖出版了《经济发展中的金融深化》，他们分别从不同方面研究了发展中国家或地区的经济增长与金融发展的关系，得出了金融抑制理论和金融市场深化理论。其中，金融抑制理论是根据发展中国家实际状况提出的较为针对性的金融理论，用以解释在发展中国家存在的由于金融业因被抑制而不能够产生有效促进经济增长效果的现实现象。而金融市场深化理论则否定了传统的西方经济学理论中实体经济资本与虚拟经济资本互相替代的假设，认为在发展中国家和地区的金融体系中，以货币资本为代表的虚拟经济体资本与实体经济体资本是一种互补关系。

金融抑制理论指的是，由于政府过多地参与了金融活动的运行与金融体系的构建，从而抑制了金融体系的正常发展，进而金融体系因抑制作用而滞后的发展又进一步阻碍了实体经济的发展，从而造成了金融发展落后与经济发展落后的双面恶性循环。而政府过多干预金融发展的主要手段包括政策干预下的金融价格发生扭曲的利率及汇率在内的金融政策与金融工具。一些发展中国家政府由于具有行政能力计划以及控制合适的经济增长的能力，会对市场力量产生怀疑，认为经济独立的捷径就是进行政府干预。所以在金融抑制的状况下，由于存款的实际收益率较大，会导致现实中的储蓄数量较低，而且由于银行在储蓄中的利率是受到政府干预的，并不能够随意根据市场风险程度的高低决定利率，所以低的实际贷款利率能够吸引到的只能是低收益或低风险的项目，而高风险的生产项目却无法得到相应的贷款，或是只能借助于信贷配给。同时对于银行而言，他们也只能够选择相对安全的项目，从而降低自身风险。正是由于生产性企业无法得到银行的信贷，才只能求助于那些场外的非正式金融项目，由此也就产生了非正式的信贷市场。

金融市场深化理论则是麦金农针对 20 世纪 70 年代发展中国家普遍存在的政府对金融机构过度干预、金融市场不完全以及资本市场严重扭曲等金融抑制现象而提出的。在当时，由于政府当局会干预金融市场，所以当时的研究人员认为降低利率与汇率，会导致金融制度落后以及金融体系缺乏效率，并不能有效促进经济发展。同时，经济停滞不前也使得金融业发展萎缩，难以扩展，因此，为打破因金融抑制而产生的恶性循环，就必须进行金融深化和金融体制改革。金融体制的改革提高了储蓄率，促进了投资和收入的增长，最终更进一步地促进了储蓄的增长，从而达到了一种良性循环。此外，欠发达地区的金融抑制也表现出独特的区域性，如组织体系单一、金融市场不发达、可用金融工具较少、信贷配给大众化、政策资源使用受限、金融市场的资源配置作用很小、对外开放程度不高、存在地区保护主义等特征。这些特性不仅引起了资源浪费或资源得不到合理利用等问题，也使得区域经济趋同化，从而成为区域经济发展的瓶颈，更难以促进经济的发展，要想打破这一僵局，只有在欠发达地区实行差异化的金融区域政策，结合当地经济发展方式和发展阶段，推行阶段性金融创新、完善金融制度及引进新型金融工具等方法以促进金融市场的发展，进而推动区域市场竞争，提高资源使用效率和资金生产率，加强金融资产的替代性，降低融资成本，提高企业和金融业的抗风险能力，最终缩小区域经济发展的差距，为整个国民经济的发展奠定基础。

2.2.4　不完全竞争市场理论

在 20 世纪 90 年代后期，世界多地的市场经济呈现出较为混乱的状况，甚至一些国家还因此爆发了严重的金融危机，因此完全的市场自由思想就受到了挑战，同时相应提出需要适当的政府干预，而这种适当的政府干预思想同样对于农村金融市场的稳定具有重要的意义。关于政府行为在农村金融发展方面能够起到的作用以及如何发挥政府行为并没有一套完整的理论意见，但是经过长久的实践和讨论总结也形成了一些共识，例如，不完全竞争市场理论（斯蒂格利茨）就对这种共识提供了一定的理论支持。不完全竞争市场理论主要认为，金融市场（尤其是发展中国家的金融市场）是一个不完全竞争的市场，金融机构无法掌握借款人的全部信息，因此就会存在市场失灵的状况，这就需要如政府等类似的具有决策性的机构介入，以便能够采取一定的措施予以调解补救，从而形成一个社会所需要的完善的金融市场。不完全竞争市场理论主要包括以下几点信息：第一，采取使用权担保和互助储金会等措施来拯救市场失灵是有价值的；第二，政府介入在某种程度上可以提高效率，政府介入是有选择的干预而不是全部干预；第三，在金融市场中存在借款人还款难的问题，此时可以利用融资担保等措施避免这种情况；第四，面向特定部门的低利息融资是很有效的，当然，是在不损害银行最基本利润的前提下；第五，在金融市场成熟之前，政府应该利用政策性手段将实际利率控制在一个稳定值范围内，并由政府调控解决由此产生的外部问题；第六，金融市场发展的前提条件是低通货膨胀率等宏观经济的稳定；第七，政府应制定相应政策促进金融市场发展；第八，采取融资和产品买卖一条龙的形式有助于贷款顺利回收。

在宏观经济比较稳定及通货膨胀率比较低的情况下，政府可以采用控制利率或给予竞争者一定的限制措施等手段，使农村金融市场效率得到实际的提高，并且可以给一些金融性部门创造租金收入。从信息和激励的视角，对于解决农村金融问题，不完全竞争市场论抓住了两个基本点：一个是让有信息能力的行为人成为决策者，或政府应创造条件使决策者掌握信息；另一个是政府运用自身的政府能力服务金融中介机构，如一些激励机制等。政府的职责是促进金融市场的各种机制正常合法地发挥作用，利用其调控的职能使

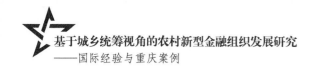

农村金融市场所能产生的贡献最大化。

随着经济的发展，不完全市场竞争论应追求向更大、更全面的方向发展以更好地服务农村金融，思考农村金融市场如何发展才算合理，而不是政府干预和自由放任静态之间的政策权衡。对于不完全竞争市场论应该清楚，政府与农村金融体系并非是一体的，政府的作用仅仅是在一定条件下有必要对农村金融进行适当干预以使其更好地发展、更好地服务大众，也可以说是对市场失灵起到了一定的弥补作用，在某种程度上就是说政府行为是为了促进市场经济发展。对于发展中国家的发展中的农村经济而言，不完全市场竞争论能给出更好的诠释。

2.2.5　局部知识理论

对于不完全竞争市场论中提出的政府应进行选择性干预金融体系的基本观点，冯兴元等（2004）基于哈耶克的"局部知识理论"的范式，对农村金融体系中出现的信息不对称的问题进行分析，认为信息不对称并非是政府干预的理由，反而恰恰可以通过主要依靠市场机制和竞争机制，发现和利用分散在不同时间和地点的局部知识，来减少农村金融市场信息不对称的问题，所以应鼓励建立多元化的金融组织或活动来充分利用这些局部知识，从而改善金融服务供给。

局部知识理论的基本观点认为，竞争是一种不完全信息减少、信息不对称和信息发现的过程。在不同时间、不同地点都有很多的分散知识资源，而竞争在一定条件下能促进经济发展和专业分工，通过分工能充分利用这些资源，为增加合作提供基础，这样就可以在很大程度上减少信息不对称的情况。冯兴元等（2004）认为运作中的农村金融制度是存在局部知识的，而这种存在正好验证了信息不对称的存在性。从知识论的角度来看，相对于市场而言，政府并不善于利用分散的知识解决信息不对称的问题，而总是运用宏观调控或政府直接参与的方式进行调解。

农村金融市场中的局部知识论的内容主要包括以下几点：

第一，局部知识论在金融监管方面同样存在信息不对称的情况。社会监管对于金融机构而言具有优势，通常金融监管机构要求相关的金融活动和活动机构及时披露信息，实际上就是强制把一部分局部知识转为全局知识或共享知识，从而为实施监管创造有利条件。

第二，在维持市场持续方面，政府发挥了重要作用。主要体现在监管当局对非正式金融机构和正式金融机构的监管，但对非正式金融体系的监管相对较弱。非正式金融市场有自身特点，如交易成本较低以及能够充分利用地方局部知识等，因此非正式的金融机构一般效率较高，但也存在一定缺陷。

第三，对于贴近农村主体的商业银行、合作金融机构等一些农村金融主体往往对局部知识掌握得较充分。这些机构间或多或少存在竞争，而一定条件下适当的竞争能促进效率和资源的合理分配，这种金融市场就是竞争性的农村金融市场。

第四，贷款有时会存在还贷困难的情况，但在农村金融机构中也有一些贷款和借款的自发行为，对于这些行为可以鼓励创新。例如，如果有一部分还贷难的农村人口，可以采取组建连带保证小组以避免还贷难的问题；对于金融机构的风险问题，可以采取在机构间建立互助性保险基金协会以应不时之需，协调同类型机构互相监督，其中心思想在于可以分散与监控风险。

第五，通常农村金融机构都是自上而下建立的，相对于在农户身边或者农户金融需求者身边直接利用局部知识来指导服务农村金融者来讲，效率并不理想。

第六，农村金融组织活动增多有利于金融工具的进一步创新，使其市场接近完全竞争，这样的完全竞争就可以缓解信息不对称的一些状况。

第七，市场主体更能因地制宜地利用和发现分散的局部知识，这是市场主体优于政府的方面。以盈利为目的的金融、非正式金融及合作金融等在农村金融市场中直接参与供给作用，此时政府的作用与补贴信贷的作用近似，仅是辅助性的。

第八，提供金融服务的供给者应该到基层中去，充分掌握局部知识，为那些最需要的需求者提供服务，从而也能获得最大回报。

局部知识理论，可以促进金融市场活动的多样化和多元化以形成竞争金融市场，但在竞争金融市场之外，政府有必要采取一定措施进行选择性干预以达到一定的辅助作用，如补贴和参与担保、促进小额信贷的商业化等。

2.3 城乡统筹经济发展研究

统筹城乡经济社会发展，是党中央在正确把握我国新阶段经济社会发展的新趋势、新矛盾、新挑战、新机遇和遵循经济社会发展规律的基础上提出的，具有极强的时代性、创新性和针对性，具有极为重要的战略意义。统筹城乡发展战略提出后，国内学者开始了对这一问题的研究，而且相关研究也较为丰富，本部分主要对城乡统筹发展内涵与内容、城乡发展不协调原因、促进城乡统筹经济发展的措施以及金融发展促进城乡统筹经济方面进行阐述。

2.3.1 城乡统筹发展内涵与内容

由于统筹城乡的问题涉及整个国家的经济以及社会发展的各个方面，因此统筹城乡发展内涵与内容的相关研究也就较为丰富，不同学者也提出了不同的观点。其中，姜作培（2003）认为，城乡经济社会统筹发展是一项系统性的工程，理论分析和实际情况表明，制度创新是决定城乡统筹发展进程、发展水平和质量的关键所在，而且目前我国城乡统筹发展中的主要矛盾和问题是制度革命，所以需要大力推进包括户籍制度、社会保障制度及金融制度在内的多项制度创新。姜太碧（2005）则认为，城乡统筹发展的关键问题是针对计划经济体制中的工农分割及城乡分治状况而提出的，属于国家的政策或是宏观经济调控层面的问题，其目标是实现城乡经济的一体化，缩小城乡差距，这是需要较长时间来进行的，而且统筹城乡协调发展包括的内容很多，既包括制度层面的统筹，也包括经济发展要素层面的统筹，还包括城乡关系层面的统筹。而马骁（2008）也提出统筹城乡社会经济发展是实现小康社会的一个目标，是需要改变当前城乡分治的状况的，也需要从观念上改变这种传统范式，需要建立现代化农业，也需要统筹工业，以工业带动农业，从而确保城乡经济协调以及可持续发展，最终实现社会持续性和谐发展。

2.3.2 城乡发展不协调原因

当前中国存在明显的城乡经济发展不协调的状况，章国荣和盛来运（2003）认为城乡居民的收入差距在逐渐扩大，而这些扩大表现在消费差距、内部差距以及区域差距方面，而出现这些差异的原因一是城市与农村的产业结构差异，二是体系与制度的差异。而王娅兰（2007）则认为当前的城乡经济失衡不但影响了国民经济的健康发展，还影响了社会的和谐，主要原因就是工农业发展的失衡、城乡居民收入的失衡以及城乡居民消费的失衡。除此之外，还有一些学者认为当前中国农业劳动生产率低下才是造成城乡发展不协调的根源，如叶兴庆（2012）指出当前中国城乡经济不协调的原因就在于农业经济发展状况不佳，所以需要提高农民收入的增长，如将增加农村人口工资性收入作为缩小城乡差距的主要着力点，推进农村的产权制度改革以增加农村人口收入，以加强农村社会保障为主线持续增加农民转移性收入。

2.3.3 促进城乡统筹经济发展的措施

国内学者对于促进城乡统筹经济发展的措施主要有以下三个方面的观点：

第一，改变国内当前的城乡二元结构。韩俊（2003）认为促进统筹城乡发展是系统性的工程，涉及国家政治经济的很多方面，而其中的关键就是改变当前的城乡二元结构，通过建立社会主义市场经济的平等体制促进城乡经济的和谐发展，从而获得统筹城乡经济方面的重大突破。

第二，消除劳动力市场的城乡分割状况。肖万春（2003）指出，城乡统筹发展的主要难点就是农村大量劳动力的转移问题，而这一问题的实质就是就业问题。罗斌和殷善福（2001）提出统筹城乡就业的机制是可以有效促进城乡经济统筹的，统筹城乡就业机制能够使得城乡区域的劳动力进行有效地交易。李永杰和张建武（2002）则认为通过提升劳动生产率的方式以统筹城乡就业，可以进一步促进城乡经济的协调，也就是说提高农村劳动力的边际产出，既是促进城乡经济统筹的方式，也是城乡经济统筹的一个良性结果。

第三，制度变革。张秋（2009）认为，城乡协调一体化的发展源于中国的户籍制度、社会保障制度、就业制度、农村土地制度与财税制度的创新与安排，所以推进城乡经济社会一体化的实质是统筹配置城乡资源，实现各种资源的有效合理流动，以破除城乡二元结构的制度设计与安排。

2.3.4 金融发展促进城乡经济统筹

熊彼特（1912）在《经济发展理论》中，其实就已经提出了金融发展能够对实体经济产生影响的基本观点，虽然随后金融的发展到底能否带来经济的增长，或者说金融的发展是否能够统筹城乡经济的协调，并未能够形成一致的观点。通常而言，更多人都认为金融发展与经济增长之间是存在必然联系的，金融是促使经济增长的一个重要因素。

李刚（2006）概括了金融发展促进经济增长的机制，主要包括五个方面：第一，金融发展通过风险管理功能促进实体经济增长。经济发展过程中存在一定的风险，尤其是流动性风险，而流动性风险的产生就源于资产变现的偶然性。实体经济中交易对象的信息不对称以及交易中机会成本的存在增加了实体经济增长的风险，而金融发展能够降低这种风险，可以增加资产的流动性，降低交易过程中的信息不对称程度，因此促进了经济增长。第二，金融发展通过信息揭示功能促进实体经济增长。信息在金融发展以及经济发展中产生了重要的作用，信息不对称会影响金融发展进而影响经济发展。而由于金融机构和金融系统可以在收集及处理信息方面存在规模效应，从而能够满足经济增长过程中对于信息的需求。第三，金融发展通过公司治理功能促进实体经济增长。公司是金融发展与经济增长之间的媒介，也是一个载体。金融发展促使公司的治理功能更加完善，一方面刺激了实体经济的增长，另一方面也为经济增长贡献了力量。第四，金融发展通过储蓄功能促进实体经济增长。金融发展过程中，一方面，金融工具的出现能够为居民的储蓄提供更多收益；另一方面，也可以使得经营状况良好，为投资欲望和投资技巧更好的居民提供规模效益。第五，金融发展通过便利交换功能促进实体经济增长。便利交易的媒介就是货币，金融的发展可以降低交易成本，而提供了更加专业化的水平，所以也就刺激了金融以及实体经济的生产力，然而这又可以反过来反馈到金融市场中，形成金融发展和实体经济的良性发展循环。

2.4 文献回顾

2.4.1 农村金融发展滞后文献回顾

在我国，农村金融成为制约农村地区，尤其是贫困地区经济发展的主要因素，这是理论界已达成的一个共识。尹晨和严立新（2012）认为，1998—2008年，中国农村金融发展程度总体呈现不断下降的趋势，农村金融发展严重滞后于农村经济发展，而且目前处于低水平的发展阶段。周才云（2011）

则认为导致农村金融发展滞后的成因主要有长期的"二元"经济结构、"一刀切"式的金融政策、农村金融机构不良贷款率偏高以及现有农村金融供给体系不断萎缩。王重润和卢玉志（2008）也认为农村金融发展落后的表现主要体现在农村金融供给不足，一方面，是市场失灵导致农村金融服务供给不足，如利率无法引导资金向农村地区流动；另一方面，则是信贷配给的约束，主要是市场竞争不充分、信息不对称、交易成本高、系统性风险大等因素。而高晓燕（2007）认为，目前中国农村地区的正规金融机构基本能满足中小企业的存款服务和结算服务，但由于资金规模、贷款方式等因素的制约，对企业的贷款需求满足程度较低，严重制约了企业的发展，也刺激了非正规金融组织或民间金融的发展，然而由于向非正规金融组织的融资，潜伏着更高的金融风险，并且这种融资方式也很难满足乡镇企业的资金需要，因而在一定程度上存在着乡镇企业融资困难问题。周立（2007）认为农村金融市场存在四大基本问题，即严重的信息不对称、抵押物缺乏、特质性成本与风险、非生产性借贷为主。这四大问题的存在，使农村金融市场在自然发育状态下出现"负外部性"和"市场失灵"，因此政府介入就成为必须。但政府介入后，又往往过度重视正式金融机构的发展而忽视非正式金融制度，导致农村融资环境进一步恶化，造成"政府失灵"，而这两大"失灵"使得农村资金的非农化成为常态，若不改变涉农基本制度，缓解两大"失灵"的关键便在于放弃单纯依赖正式金融部门的幻想，从政策上全方位支持农村地区的非正式金融部门，形成覆盖面广、更符合农村经济发展实际的新型农村金融体系。王曙光（2008）认为，中国银监会实施的农村金融市场开放的试点方案，是近十几年以来中国政府对于农村金融方面的最大的一项改革举措，对于改善当前农村金融领域中的信贷资金外流的恶性状况以及解决农村经济主体融资困难的问题会产生较为深远的影响，而且更为重要的意义是，这一试点实施之后的中国农村金融市场将会出现多元投资主体并存以及多种形式金融机构良性竞争的局面，从而有利于有效地动员区域内农村人口储蓄和民间资金，有序地引导更多资本向农村生产性领域流动，这对民间信用的合法化和规范化有着重要的现实意义。同时，国外学者也认为，农村金融的发展无疑有助于改善财务可持续性，但却导致了日益严重的"目标偏离"问题，即偏向农村地区相对富裕的人群和企业甚至进入城市（Karnani，2008；Roodman and Morduch，2009），导致农村金融发展偏离其降低贫困、促进发展、改善不平等的社会目标（Rosenberg，2010）。

2.4.2　农村金融改革文献回顾

围绕着中国农村金融改革的方向，部分学者认为如果要从根本上解决中国农村金融市场发展的困境，就必须跳出金融去看当前农村金融发展中存在的具体问题，也就是需要突破现有市场逻辑，从外围调整涉农的基本制度。王曙光（2010）认为，农村金融改革滞后的原因在于中国长期实行的工业化赶超发展战略，从而才形成二元经济结构下的单向资源配置，即形成城市从脆弱的农村金融市场吸收补给、农村金融市场为城市金融体系提供单向支持的局面，使得农村金融市场更加薄弱。近年来，我国农村金融的变革成绩斐然，存在的主要问题是：依然遵循政府主导型的强制性模式，对农村金融制度的自发式变迁仍然不够重视，政府在农村金融制度变迁的过程中扮演着制度设计者和路径控制者的角色，导致农村金融体系虽然在存量上有所变革，但是在增量改革上依然难有突破性进展。高宏霞和史林东（2011）则认为，长期以来，中国设计的农村金融制度没能解决农村金融市场参与主体之间存在着较高的信息传递成本问题，致使金融机构缺乏为农村提供金融服务的激励，而农村金融的新政策则实现了对原有制度变迁的路径突破，也有效解决了金融机构和农村借贷者之间信息传递成本过高问题，也就是制度的激励相容机制能够使经济参与主体在实现自身利益追求的同时实现新政既定的社会目标。

2.4.3　农村金融组织结构文献回顾

金融组织状况决定了金融体制和机构中各组成部分的职能与地位以及它们之间的相互关联、活动规则及行为方式，是一国金融发展的关键因素（Rsymond，1969）。对于农村金融组织结构的研究可分为单一金融中介论和多元金融结构论。在单一金融中介论中，信用合作制研究是农村金融研究文献一个比较常见的研究课题。这方面的相关研究主要集中在农村合作金融发展中存在的问题、合作制信用本质、合作制信用发展趋势等（吴永红和郭晓鸣，2001）。而多元金融结构论则认为，中国农村金融发展的未来方向应当是商业化和合作金融共存共荣，相互依赖，共同发展。从发达国家金融市场的制度变迁过程看，农村金融市场是由多个局部金融市场共同构成的，商业化金融和合作化金融并存是农村金融发展的共同特征。何广文和欧阳海洪（2003）提出，应以农村需求为向导，逐步培育和形成一个有效率的竞争型、多样化的农村金融组织体系，该体系不仅依靠现有的农村金融机构，还要激励和促进更多的商业银行、专业银行、外资金融机构、非银行金融机构和其他各种金融机构开展农村信贷活动，并要发挥民间金融（非正规金融）的作用。杨淑慧等（2008）运用金融功能理论以及新制度经济学相关的制度变迁理论等，从新型农村金融四类机构的创设视角，分析影响历次农村金融改革得失的主要因素，在总结主要成就和基本经验的基础上，提出了今后我国农村金融改革与发展的政策建议。而田剑英（2009）则通过总结世界各国乡村银行的实际经验，并结合了中国特殊状况，分析了中国乡村银行的运行特点，揭示出中国新型农村金融组织发展存在的障碍，认为中国新农村建设为乡村银行的发展提供时机，需要根据中国农村的实际情况，创新具有农村特色的贷款管理和服务方式，从而切实发挥农村银行的特殊职能作用。

3 国外经验借鉴

当前，部分发达国家以及一些以农业经济为主的国家的农村金融体系发展的程度相对较好，这些国家普遍建立了包括政策性农村金融体系、合作性农村金融体系以及农村商业保险在内的，立体型的全方位多层次的农村金融组织体系。也就是说，这种支持农村金融体系建设资金循环的长效机制，能够较好地支持农村金融的发展以及农业和农村经济的长期发展。因此，本章将对美国、法国、德国、日本、印度及孟加拉等几个国家的农村金融发展的实践状况进行总结，以分析其中能够对我国农村金融体系发展起到良性引导作用的方面。

3.1 美国农村金融体系经验借鉴

美国具有完备的金融体制，能够对农业发展以及农村金融产生足够的支撑作用，这也许就是美国农业发达的原因之一。美国构建的是复合信用型的农村金融制度，这是一种相对健全的农村金融体系，主要由政策性金融机构、普通商业银行、合作金融机构以及农业保险共同组成。

其中，美国的政策性金融机构大多是由美国政府拨款创办、得到美国政府资金支持、受到美国政府严格控制的金融机构，其主要责任是发放一般性金融机构不能提供的农村贷款。除此之外，美国政府还相应建立了政府性质的、专门贷款给农业项目的农贷机构，该机构主要办理具有社会公益性的农业项目投资，如农村基础设施建立、旱灾或水灾的补贴以及农村土地土壤改良等公益性项目。政府农贷机构通过"发放债券"与"进行担保"的形式，动员多方社会闲杂资金，与金融机构共同参与，从而弥补商业性贷款渠道的单一化。

美国联邦中间信贷银行则是批发信贷资金给生产的信贷协会，是农业信贷的批发商，而美国互助社银行和联邦土地银行则直接发放贷款给借款者。美国的联邦土地银行、联邦中间信贷银行及互助社银行在具体业务方面各有侧重点。联邦土地银行向农业生产者发放的一般是期限为 5~35 年的不动产抵押的长期贷款，这些款项用于购买土地等；联邦中间信贷银行则主要办理期限一般不超过 7 年的动产抵押的中短期贷款，一般是通过地方生产信贷协会办理；而由农村人口组成的农业合作社是互助社银行的贷款对象，可以提供各种期限的贷款。

然而，美国农村金融的真正骨干力量则是美国的合作农业信贷系统。除商业性的金融机构外，合作金融自己形成了一个体系，这个体系是由美国联邦中间信贷银行、联邦土地银行、联邦农业信贷管理局以及合作社银行等一系列的相关机构共同组成的。美国合作农业信贷系统的监管机构是联邦农业信贷管理局，同样是自成体系而不受美联储监管的。而美国联邦农业信贷管理局中的信贷委员会主要负责制定农业的信贷管理政策，而且这个农业信贷委员会是在美国各地区单独设立的，会在总体政策的基础上，再结合本地实际状况制定具体的实施方案，由美国农业信贷管理局负责具体执行与监管。美国的这种农村金融组织体制较好地保证了农村资金用于农业生产和农村建设，还能够根据农业生产的不同阶段的现实发展目标调节信贷方向与规模，而农村合作金融体系则通过利用"借款"，自上而下地控制了股份，保证了决策权。美国的合作农业信贷系统得到了美国政府的有力支撑，由于其能够将闲散资金聚拢，从金融市场募集足够资金并能够合理利用，因此成为每股农业信贷资金的主要渠道。

同时，美国的普通商业银行也通过一些方式参与到农村金融体系中，如参与农业信贷体系的商业银行协会，或是建立专业化的农业信贷公司等模式。随着美国农场规模的逐渐扩大，农村贷款需求相应增多，美国商业银行往往采取合并重组及联营的方式调整机构以扩充实力，适应美国农业现代化对信贷资金的需要，因而在提供农业信贷方面一直能够产生重要作用。在 1989 年未偿还的农业不动产债务总额中，联邦土地银行占 35%，商业银行占 21%，而由农场财产担保的未偿还的非不动产贷款中，商业银行提供则占据了其中的 42%（克拉默，1994）。

另外，美国完善的法律制度也是农村金融运行良好的重要制度保障。农村金融的发展离不开完善的法律体系的保障，美国政府于1916年制定了一系列相关法律条文，如《农业信用法案》与《联邦农业贷款法案》，这些条文以法律的形式被纳入了农村金融的运行模式，从而使农村金融的发展有法可依。此外，美国的保险业在支持农业发展方面也发挥了重要作用，如1938年美国《联邦农作物保险法》的颁布等，这些都完善了农作物的保险业务。

3.2 法国农村金融体系经验借鉴

法国的农村金融体系是自下而上逐步形成的，长期以来一直较为稳定。早在19世纪，法国政府颁布的《土地银行法》就以融资的方式支持了法国的农业发展。而目前，法国农业信贷银行、互助信贷银行、大众银行以及土地信贷银行这四家法国银行开展了农村金融业务。这四家银行都是法国政府所有或者由政府实际控制的，其中法国农业信贷银行处于主导地位。现在的法国农村金融体系主要是由法国农业信贷银行、94个省级农业互助信贷银行与地方的信贷银行合作社一同构成的。

总体而言，法国农村金融组织模式是典型的"半官半民式"体制模式，根据互助主义和权力分散原则，其体系由地方农业信贷互助银行、地区农业信贷互助银行和中央农业信贷银行三个层次组成，是在政府支持下，在民间信用合作组织基础上自下而上逐步建立的。从农村金融机构与政府关系来看，法国直接以国家政策性银行作为合作金融的中央机构，管理省级分行的剩余货币资金，并为各省级分行之间以及其他银行提供清算服务，在各省级分行出现资金短缺时，对其提供信贷支持，从而对合作金融的运作提供最后保证。

3.3 德国农村金融体系经验借鉴

德国的农村金融体系构建的时间相对较长，因此具有较长的发展历史，发展的程度也较好。德国农村金融体系主要包括协助性模式和合作性模式。其中，协助性农村金融发展模式可以分为四级发展模型，即公共性金融机构、私营性金融机构、合作性金融机构以及专业性金融机构。前三者的主要职能是为德国的农业发展提供存贷款业务、证券业务等金融服务，是全能型的金融机构，而后者则通常只服务于农业行业中的某类专项业务。

合作性金融模式则是对农村金融和农村经济发展产生重要作用的模式。合作性金融机构在德国的农场金融发展过程中占有十分重要的位置，自19世纪50年代农村信用合作社成立以来，合作性金融机构就已经开始在德国的农村金融发展中产生作用了。

从德国的农村金融体系的发展中可以看出，一方面，德国的新型农村金融组织在基层地区广泛设立了分支机构，从而产生了促进德国农村经济发展的规模效应；另一方面，德国的新型农村金融组织会允许农户参与金融机构的信贷决策，在具体操作中采取了吸收农户入股的形式。德国的农村金融体系发展的时间较长，也相对较为成熟，能够对中国的农村新型金融组织的发展起到一定的借鉴作用。

3.4 日本农村金融体系经验借鉴

由于日本自身的地理状况限制，日本人多地少，农业条件较差，这也就造成了农业生产的分散经营状况。但是，日本政府在日本的农村金融发展和农业经济发展过程中起到了很重要的作用。目前，日本已经形成了以合作金融为主体、政策性金融和农业保险作为补充的一整套的农村金融体系。日本这种合作金融体系，是以罗虚代尔原则为基础建立的，是一种农业协同的组合模式。与其他金融机构的强强联合不同，日本的农村合作金融是经济上弱者的联合，而且服务对象是并不具备足够资金实力的农村人口及小生产者，所以日本的合作金融机构的模式就存在较大经营风险。所以，在农业协同组合的经营过程中，日本政府采取了鲜明的支持态度。例如，在日本金融业成立"农林中金"（即农林中央金库，如图3－1所示）时，日本政府就投资了20多亿日元，而且还在利率方面进行调整，规定基层农协的农款利率可以高于商业银行的利率，从而刺激了农协金融机构吸取更多储蓄。

日本农协最主要的任务就是为农户提供足够的金融服务，所以是农业协同组合会直接与农户之间发生信贷的关系，而且并非以盈利为目的，也就是说这是一种具有公益性的行为，因此农业协同组合会为农户办理存贷款的相应业务。由于其信用系统存款利率略高于商业银行，再加上相对较完善的服

29

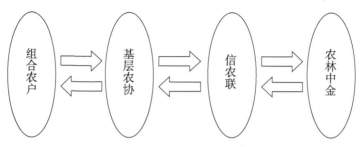

图 3-1　日本农村合作金融系统组织

务网络，农业协同组合不仅吸纳了日本农村人口的大量闲散资金，而且农户所需资金的绝大部分也依靠农业协同组合提供。日本农业协同组合的信用贷款以会员存款为基础，以服务会员为目的，贷款主要用于农村人口的借贷、农业协同组合经营的周转金以及各项发展事业投资，其贷款利率通常低于商业银行，一般不需要担保。农业协同组合作为联系政府与农民的桥梁，承担着贯彻实施日本政府对农业生产和农业经济发展进行政策保护的职能。日本农业协同组合的合作金融模式在日本农业生产、日本农村人口的经济发展以及日本农业的基础经济建设方面发挥了重要的作用，缓解了商业银行无法支持农业生产的局面，对促进日本农村经济发展和农村人口生活水平的提高起到了积极作用。

3.5　印度农村金融体系经验借鉴

　　印度农村和农业经济发展所需的贷款来源于各类金融机构和私人放债。在发展初期，私人放债是农业贷款的主要来源，以 1951 年为例，私人贷款占据农业贷款总额的 92.8%。针对这种情况，印度政府采取了大力支持和发展农村信贷合作机构的政策，以抑制猖獗的高利贷行为。到了 20 世纪 60 年代中后期，合作金融组织所能提供的信贷资金已经越来越难以满足农户对信贷资金的需求。印度在 1975 年年底创立了地区农村银行，其经营目的是"满足农村地区穷人的专门需要"。其资金来源于中央政府、邦政府与主办商业银行。除此之外，地区农村银行还可通过发行债券来筹措资金。为解决农业资金的短缺问题，1982 年印度又设立了一家政策性银行，即农业和农村发展银行。多种农业贷款机构对农业和农村的资金支持，有效地解决了印度农业及农村发展所急需的资金问题,同时也有力地削弱了印度农村中的高利贷势力。

印度作为以农业生产为主的国家,拥有较为完整的农村金融体系,而这一体系中的主体金融机构主要包括印度商业银行、地区农村商业银行、农村合作银行、土地开发合作银行、印度农业和农村开发银行以及相应的农业保险公司等。而印度农村金融的主要融资渠道依然是印度的商业银行,最大的则是印度国家银行,在2008年该银行农业贷款余额占据各项贷款总额的一成半左右。

印度农业合作体系在印度金融体系中占据重要地位。现在印度90%的农村地区都建立了信用社,50%以上农业人口加入了信用社。印度合作金融体系由邦合作银行和邦土地开发中心银行组成(如图3-2所示),邦合作银行下面管辖着中心合作银行,中心合作银行下面又管辖着初级信用社,初级信用社由邦合作银行直接管理。印度农村合作银行的经营模式类似于中国农村合作金融机构,主要包括两种模式,其中一种模式是只为社员提供中期及短期贷款服务的农村合作银行,而另外一种模式则是专门提供长期贷款服务的土地开发合作银行。

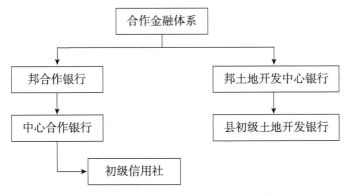

图3-2 印度合作金融体系的构成示意图

印度政策性金融机构主要为国家农业和农村开发银行。该银行一方面行使监管与检查各级农村金融机构的权力,而另一方面也能够为印度的农业和农村经济发展提供中长期的信贷服务,从而可以满足印度农村经济发展的实际需要。

另外,印度农业保险也起到了分散印度农业经营风险的实际作用。根据

印度政府的相关规定，若农户希望通过商业银行获得贷款，必须同时参与相关的农业保险，但是没有获得相应贷款的农户，也可以根据现实状况选择参与或不参与农业保险，这些都是农户自愿参与的。

3.6　孟加拉农村金融体系经验借鉴

全世界第一家小额信贷组织是 1983 年经济学教授尤努斯在孟加拉的 Jobra 村创办的乡村银行（Grameen Bank，以下简称 GB）。尤努斯创办的小额信贷的对象仅限于穷人，由于贫困人口的贷款具有数额小、风险大、监测难、收贷难、管理和交易费用高等问题，因此正规金融机构不愿或极少向贫困人口提供信贷服务。GB 向孟加拉乡村地区的最贫穷人士提供贷款，并且不要求抵押，其小额信贷模式的核心是变"整贷整还"为"整贷零还"，强调以贫困妇女作为主要贷款对象。在贷款中，GB 创立了一套基于互信、责任、参与及创造力的银行制度。截至 2009 年 7 月，GB 共为 8 万多个乡村的 794 万孟加拉贫困人口提供过贷款，其中 97% 的贷款对象为女性贫困人口，已经覆盖了孟加拉全部的乡村地区，形成了一个具有超过 1000 个分行及遍布近 50000 个村庄的银行系统，使得 400 多万的孟加拉农村贫困人口脱离了贫穷（顾宇娟，2008）。GB 的小额贷款模式之所以能够在一定程度上取得成功，主要是基于以下三点：一是政府和相关部门的大力支持（如资金方面由孟加拉政府提供）及在政策和法律层面上创造宽松环境（如允许 GB 以非政府组织的形式从事金融活动，实现免税优惠政策）。二是彻底摆脱扶贫的慈善化做法，尤努斯认为施舍不是解决贫穷的办法，施舍只能让穷人丧失主动性而使贫穷永远存在。对于穷人来说，取得贷款能够获得谋生与工作的机会，除了摆脱饥饿，精神上的快乐与尊严更是难以估量。贷款是一个基本人权，即使是乞丐，只要有可行的谋生思路，在 GB 照样可以借到钱。三是有一套高效的贷款偿还机制，贷款人五人一组，互相承担担保责任，这样 GB 的还款率接近 99%。GB 颠覆了银行业的传统模式，而尤努斯最大的贡献在于他推广的小额信贷模式，无须抵押的贷款，不仅帮助数百万人成功脱贫，打破了借贷必须担保和抵押的传统，而且将"自立"的理念植入穷人的心中。

3.7 国外农村金融体系的经验借鉴总结

虽然各国的农村金融体系在机构设置、运作模式和保障环境等方面都有较大的差异，但完善的金融体系都具有一些共同的特征，可以为中国农村金融体系的完善提供一些经验来供借鉴。

1. 农村金融体系的构建要适合本国经济社会条件

由于各国农保体制具有一定的差异性，因此不能照搬他国的成功模式，这可能事与愿违。只有建立适合本国农村经济社会现状的农村金融体系，才能有效地促进农村经济社会的健康发展。

2. 构建多元化、适度竞争的农村金融体系

通过美国、法国、日本等的农村金融体系可以看出，这些国家大都是采用多金融主体参与、适度竞争开放的多元化方式，政策性金融、商业性金融、合作性金融相互补充，既为农村地区中低收入群体提供了生产生活资金，又满足了高收入群体的生产经营资金需求，有效地促进了农业和农村的经济社会发展。

3. 政府支持是重要的力量来源

从上面各国的介绍中就可以看出，成功的农村金融体制都离不开政府政策的支持和扶持。农业是国民经济的基础，但是农业的生产天生就具有不确定性，只有通过政府的大力支持，才能有效地弥补从事农村金融的利润缺口，才能刺激更多的市场力量加入到农村金融供给中来。

4. 现代化的农村保险制度

多层次、多形式的现代农业保险制度是成功的农村金融体系所必需的制度保障，发达国家十分重视和支持农业保险制度。如法国，连续颁布相关法律确保农业保险制度的确立和完善，促进了农村地区繁荣和稳定。

5. 完善的法律体系是农村金融的基础保障

市场经济是法律经济，只有在完善农村金融法律制度的基础上，才能真正依靠法律的制约监控市场的运行，各类农村金融机构的运转才能有法可依。而目前我国虽然构建了基本的金融法律框架，但尚未制定出一部关于农村金融的专门法律。有专门针对性的法律，才能为农村金融体系的运行创造一个良好的制度环境。

4 农村金融发展与城乡统筹经济发展

目前，我国城乡发展失衡突出表现为严峻而复杂的"三农"（农业、农村、农民）问题，所以工业反哺农业及城市支持乡村是由客观经济规律和当前经济与社会形势决定的，也同样是城乡协调发展的必然要求。2002 年，党的十六大提出了城乡统筹经济发展战略，而党的十六届三中全会通过的《中共中央关于完善社会主义市场经济体制若干问题的决定》提出完善社会主义市场经济体制要贯彻"五个统筹"，并把"统筹城乡发展"作为"五个统筹"的第一位加以提出。2005 年 11 月，中共中央关于国民经济和社会发展的第十一个五年规划明确提出，通过积极推进城乡统筹发展、推进现代农业建设、全面深化农村改革、大力发展农村公共事业和千方百计增加农民收入等措施建设社会主义新农村。2006 年 2 月，中共中央第八个"一号文件"的主题就是"如何推进社会主义新农村建设"。2007 年 6 月 7 日，国家发展和改革委员会批准重庆市和成都市设立全国统筹城乡综合配套改革试验区。上述政策安排，为统筹规划城乡社会经济发展、减少城乡差别的制度性障碍、消除城乡二元结构、促进中国经济社会稳定持续发展奠定了基础。

统筹城乡经济社会的发展，是目前党中央在正确把握我国新阶段经济社会发展的新趋势、新矛盾、新挑战、新机遇和遵循经济社会发展规律的基础上综合提出的，是经济新常态下的一种表现，这具有极强的时代性、创新性和针对性，也具有极为重要的战略意义。

4.1 城乡统筹经济发展

4.1.1 城乡统筹发展的内涵与定位

十六大报告中提出来的统筹城乡发展是一个宽广的内容，不仅指财政方面，更是指整个国家经济发展方面，所以需要用城乡统筹的眼光解决中国的农业、农村和农民问题。而这些问题的解决，不可能封闭在农村内部，要和城市结合起来，形成一个城乡统筹的格局。马骁（2008）认为，统筹城乡社会经济发展是指以全面实现小康社会为总目标，改变"城乡分治"的传统思维方式和政策范式，统筹工业化、城镇化及农业现代化建设，建立健全以工促农、以城带乡长效机制，确保城乡社会经济的协调和可持续发展，缩小城乡差距，促进社会持续和谐。郭翔宇（2003）则认为，统筹城乡发展是针对传统计划经济体制和二元社会结构下工农分割及城乡分治的发展状态而提出来的。统筹城乡发展是国家的一种政策倾向，也是政府的一种宏观调控手段，其宗旨和目标是使城乡经济社会协调发展，最终实现城乡一体化。同时，统筹城乡发展是一个动态的过程，需经过较长时间缩小城乡差别的基础上来实现。另外，统筹城乡协调发展包括的内容很多，既包括制度层面的统筹，也包括经济发展要素层面的统筹，还包括城乡关系层面的统筹（姜太碧，2005）。姜作培（2003）认为，城乡经济社会统筹发展是一项系统工程，在这项工程中，制度创新是决定城乡统筹发展进程、发展水平和质量的关键所在，根据目前我国城乡统筹发展中的矛盾和问题，当务之急是必须进行一场制度革命，从而大力推进我国的户籍制度、就业制度、土地制度、税费制度、金融制度、社会保障制度的创新。

统筹城乡发展是包含统筹城乡经济发展、统筹城乡社会发展以及统筹城乡空间发展三个发展的综合。其中，统筹城乡经济发展的本质就是一个城市利用自身的优势带动该地区的农村经济建设，使得农村能够利用自身的资源优势和劳动力优势，与城市经济发展互动，从而促进城乡经济的整体推进；统筹城乡社会发展，则是在一个地区的城市与农村建立统一的制度安排，在教育、就业以及社会保障等制度安排方面实现城市与农村的均衡与统一，从而最终达到城市与农村的和谐发展；而统筹城乡空间发展，就是希望将城市与农村作为一个有机统一的整体进行规划，对城市与农村发展的空间结构做出一个较为合理的安排，从而改变城乡分割型的规划建设，将城乡经济的发展转向和谐发展的轨道。

4.1.2 中国城乡统筹发展的现状

当前，我国城乡经济社会的发展水平存在较大差异，这与我国的城乡制度性供给差异具有较大关系。长期以来，我国都是实行城乡差异的制度安排，也就是说农村仍然存在一些制度上的歧视安排，所以在制度变迁的路径依赖形成后，城乡二元结构的刚性化问题就会显现出来，因此制度变迁的难度就逐渐增大，这就解释了长期以来我国经济发展的低效率以及城乡经济的不统筹现象（姜国强，2010）。因此，我国城乡结构的失衡必须通过统筹城乡发展的方式予以转变，也就是将城镇与农村的经济社会发展作为统一整体进行筹划，将城镇与农村存在的现实问题同时联系起来进行解决，这实质上就是一个统筹城乡制度创新与改革发展的过程。由此可见，统筹城乡发展是一个系统的过程，是包括不断地完善户籍制度、公共品质制度、土地制度以及就业制度的综合行为。

城乡居民家庭人均收入及差别是反映城乡关系及其差别的核心指标。改革开放以来，我国城乡居民家庭人均收入一直呈现持续快速增加的趋势，但是城镇增长更快。1978 年，我国城镇居民的人均可支配收入为 343.4 元，而到 2009 年这一数字增长到 17175 元，增长了 49 倍，但是 1978 年的农村居民家庭收入仅为 133.6 元，到 2009 年也只是增长到 5153 元，仅增长了 37.57 倍（简新华，2009），可见城乡居民的经济差距在逐步被拉大。1978—1983 年，城乡收入差距对比系数从 1978 年的 2.57∶1 一度下降到 1983 年改革开放以来的最低点的 1.82∶1，而此后这一数字则基本上是持续上升，2009 年达到改革开放以来的最高点的 3.33∶1，城乡收入差距也不断扩大（见表 4-1）。如果考虑到城镇居民享有各种补贴、劳保福利和社会保障等隐性收入，我国城乡差距将进一步扩大到 5∶1，甚至 6∶1，这与世界发达国家通常的水平 1.5∶1 相差甚远。根据发展经济学的相关理论，在工业化初期，工业依靠农业的积累和剥夺农业剩余来加速发展，城乡差距会持续扩大，造成城乡发展失调的二元结构。

表 4-1　　　　　改革开放以来中国城乡居民家庭人均收入差异　　　　单位：元

年份	城镇居民家庭人均收入	农村居民家庭人均收入	比例
1978	343.4	133.6	2.57∶1
1979	405.0	160.2	2.53∶1
1980	477.6	191.3	2.50∶1
1981	500.4	223.4	2.24∶1

年份	城镇居民家庭人均收入	农村居民家庭人均收入	比例
1982	535.3	270.1	1.98∶1
1983	564.6	309.8	1.82∶1
1984	652.1	355.3	1.84∶1
1985	739.1	397.6	1.86∶1
1986	900.9	423.8	2.13∶1
1987	1002.1	462.6	2.17∶1
1988	1180.2	544.9	2.17∶1
1989	1373.9	601.5	2.28∶1
1990	1510.2	686.3	2.20∶1
1991	1700.6	708.6	2.40∶1
1992	2026.6	784.0	2.58∶1
1993	2577.4	921.6	2.80∶1
1994	3496.2	1221.0	2.86∶1
1995	4283.0	1577.7	2.71∶1
1996	4838.9	1926.1	2.51∶1
1997	5160.3	2090.1	2.47∶1
1998	5425.1	2162.0	2.51∶1
1999	5854.0	2210.3	2.65∶1
2000	6280.0	2253.4	2.79∶1
2001	6859.6	2366.4	2.90∶1
2002	7702.8	2475.6	3.11∶1
2003	8472.2	2622.2	3.23∶1
2004	9421.6	2936.4	3.21∶1
2005	10493.0	3254.9	3.22∶1
2006	11759.5	3587.0	3.28∶1
2007	13785.8	4140.4	3.33∶1
2008	5780.8	4760.6	3.31∶1
2009	17175	5153	3.33∶1

资料来源：中国统计年鉴。

我国二元结构造成的收入差距导致消费差距不断扩大，城乡恩格尔系数的变化趋势可以反映这一点。1978年，城乡恩格尔系数差距超过10个百分点，但此后由于农村改革，这一差距逐渐缩小，1990年城乡恩格尔系数平均差距为4.6个百分点，此后城乡差距则开始逐渐拉大，到2005年间城乡恩格尔系数平均差距超过8.8个百分点（见表4-2）。到2009年，城乡恩格尔系数平均差距有所缩小，达到4.5个百分点，恢复到1990年的水平。

表4-2　　　　　　　　　中国城乡居民恩格尔系数差异

年份	农村居民恩格尔系数	城镇居民恩格尔系数	城乡居民恩格尔差异系数
1978	67.7	57.5	10.2
1990	58.8	54.2	4.6
2000	49.1	39.4	9.7
2005	45.5	36.7	8.8
2007	43.1	36.3	6.8
2009	41.0	36.5	4.5

资料来源：中国统计年鉴。

4.1.3　中国城乡发展失衡及原因

王娅兰（2007）认为城乡经济发展的失衡问题影响了我国国民经济健康发展和社会的稳定和谐，而城乡发展不平衡主要表现为工农业发展严重失调、城乡居民收入差距日益拉大及城乡居民消费差距不断扩大等。林光彬（2004）认为我国城乡居民收入分配的差距已经达到警戒线，而社会等级关系和市场经济相互作用的分配关系是城乡收入差距扩大的根本原因。章国荣和盛来运（2003）主要从城乡居民收入差距的角度探讨了城乡发展的不协调，认为城乡居民收入差距扩大表现在消费差距、内部差距和地区差距上，并分析了差距扩大的原因，即城乡产业结构差异导致工农效率差异，而现行的体制和制度则导致差距扩大。韦廷柒（2004）认为，根本原因是我国城乡二元经济结构的政策与制度因素，城乡居民收入差距扩大是由我国长期以来实行"重城轻乡、重工轻农"的政策以及现行的户籍、社会保障等制度所导致的。叶兴庆（2012）认为当前我国农民收入增长速度超过城镇居民，城乡居民收入差距缩小，既有体现经济发展内在变化、代表制度变迁方向的趋势性及可持续因素所产生的作用，也有一些特殊性、不可持续的因素，例如，人数与工资的

"双增长"，促使农民人均工资性收入快速增长；产量与价格的"双提高"，促使农民人均家庭经营第一产业纯收入快速增长；范围与标准的"双扩大"，促使农民人均转移性收入快速增长。受"强农、惠农、富农"政策受益范围扩大、国家补助力度加大的影响，农民人均转移性收入快速增长。而保持农民收入增长可持续性的措施则是：必须把增加农民工资性收入作为缩小城乡居民收入差距的主要着力点；以提高农业劳动生产率为主线持续较快增加农民家庭经营纯收入；以推进农村产权制度改革为主线持续较快增加农民财产性收入；以加强农村社会保障为主线持续较快增加农民转移性收入。

总体而言，当前中国城乡经济结构失衡的原因在于：

第一，城乡二元结构的刚性导致城乡差别扩大。改革开放以来，我国一直实行的是偏向城市的制度安排，这种安排源于我国新中国成立后实施的重化工业战略。而国家作为制度供给者，通过强制性制度变迁供给了偏向工业化和城市的制度，通过"剪刀差"的方式，牺牲农业发展和农民利益支援工业化。虽然中国农村的人口数量巨大，但是在集体行动的巨大压力之下，二元制结构的刚性化问题逐渐增强，从而使得城乡差距具有逐渐扩大的趋势。一方面，源于这一系列制度的历史路径依赖产生的系统"耐久性"；另一方面，就是制度间的关联性而增强的制度系统"惰性"，从而使得帕累托次优的整体性制度安排会因为制度元素的互补性而产生耐久性与稳固性（青木昌彦，2001）。

第二，既得利益者阻挠改革的行为进一步扩大了城乡差距。统筹城乡经济，缩小城乡差距，就必须统一城乡的制度导向，通过制度的变迁行为将落后的旧制度淘汰，从而建立公平与公正的新制度。但是，制度变迁不仅取决于可能产生的制度净收益状况，还应该取决于利益重新调整的难易度。然而，一些旧制度体制下的受益者会通过各种方式阻挠制度的创新行为，从而使得改革的难度变大，也就导致了统筹城乡的制度改革举步维艰。

第三，制度变迁的路径依赖导致了城乡资源要素的流动变得更加困难。我国的一些诸如户籍制度等重要制度存在着较大的城乡差异，从而成为城乡要素流动的壁垒。例如，户籍制度对城镇化的推进具有一定的制约性，城市与乡村的劳动力市场被人为地进行了分割，使得占人口绝大多数的农村人口缺乏足够公平的利益实现机制。蔡昉等（2001）认为，中国城乡分割的二元劳动力市场的形成，是与相关体制的存在有密切关系的，户籍制度体现出对

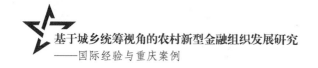

城市劳动力的保护，却表现出对农村劳动力的排斥。然而事实证明，将农民限制在农村，没有农民参与其中的现代化、工业化和城市化是不可持续的。

4.1.4　中国城乡统筹发展的措施

对于促进城乡社会经济统筹发展的措施，主流观点包括三个层面。一是改变二元结构。韩俊（2003）认为统筹城乡发展是一项巨大的系统工程，涉及经济生活的各个方面，其中关键是要在改变城乡二元结构、建立社会主义市场经济体平等和谐的城乡关系方面取得重大突破。二是消除劳动力市场分割统筹城乡发展。景天魁和唐钧（2003）等人以浙江省义乌市为个案，专门研究了城乡就业问题，认为城乡统筹就业是打破二元社会结构的突破口；罗斌和殷善福（2001）则对统筹就业问题进行了研究，认为统筹城乡就业的本质是一种机制，是劳动力在城乡间、区域性流动和保证劳动力有效交易的一系列机制，基于此提出了城乡统筹就业的内涵以及相应的政策建议，并以威海、常熟为个案进行了探讨；肖万春（2003）也指出，城乡统筹发展的主要难点就是大量的农村劳动力转移问题，其实质就是解决就业问题；李永杰和张建武（2002）认为实现城乡统筹就业的关键因素是劳动生产率的提高，或者说是劳动力的边际产出提高，是决定城乡统筹就业的根本条件，也是城乡统筹就业的最终结果。三是制度变革。张秋（2009）认为，城乡协调一体化的发展源于我们的户籍制度、社会保障制度、就业制度、农村土地制度与财税制度的创新与安排，推进城乡经济社会一体化的实质是统筹配置城乡资源，实现各种资源的有效合理流动，破除城乡二元结构的制度设计与安排。现实中的一些制度逆向安排，成为阻碍我国城乡统筹发展的深层次原因，要实现城乡统筹发展，必须打破这一逆向制度安排，实现城乡一体化制度的再选择。

4.2　城乡统筹发展的空间路径：城镇化

4.2.1　"城镇化"基础理论

1. 城镇化的内涵

城镇化依然是较有争议的概念和内容，学术界具有不同观点。刘国新（2009）认为，一方面，城镇化是第一产业生产向第二、第三产业的转换以及各种非农产业经济要素向城镇化地区的聚集与流动，主要表现是农村的自然化经济向城镇的社会化大生产转换的过程；而另一方面，城镇化也是城镇经济集聚与溢出效应发挥的辐射带动作用，是促进农村经济发展与提高的一种综合过程。李树琮（2002）则认为，城镇化是指农村人口变为城镇人口的一个过程，是地区人口向城镇集中的过程，这包括城市数量的增加、规模的扩大以及建设质量的提高，还包括城镇产业结构的提升与空间结构的优化以及城镇功能的发挥与城乡关系的逐步协调。从城镇化的概念可以看出，城镇化与城市化并无本质差别，二者一般意义上是通用的，只不过城镇化的表述更突出乡镇因素，更具有针对性，更符合中国实际情况。

2. **城镇化的表现形式**

第一，农村人口向城镇地区集中。城镇化最突出的特征，就是农村人口的减少与城镇人口的增加。随着农业产业化的提升以及农业劳动率的提高，农村生产力获得大幅度提升，粮食产量和效益也持续增长，从而引起了农村人口向城镇化的转移。而这种人口的转移又促进了城镇第二、第三产业的发展，第二、第三产业对于农村经济的反哺以及对于农村人口的吸引力在更深层次上加速了农村人口向城镇的转移，推进了城镇化的深化。

第二，产业结构的城镇化升级。城镇具有集聚和扩散效应，而本质上是从第一产业向第二、第三产业转换的过程，也就是非农产业在城镇集聚和发展的过程。随着城镇化的推进，传统的农业生产方式被更集约高效的现代农业生产方式所取代，从而使得第一产业在国民经济中占有的比例不断下降，而第二、第三产业的比例就相应上升，致使非农产业结构不断优化与升级，城镇化质量不断提高。

第三，城市文明的有效渗透。从文化上讲，城市文化由于更先进、更具吸引力，客观上存在城镇文明向农村不断扩展，原有的农业文明逐渐受到冲击，进而发生变化，被城市文明所取代。

3. **城镇化阶段**

美国地理学家诺瑟姆通过对各个国家城市人口占总人口比重的变化研究发现，城市化进程具有阶段性规律，全过程呈一条平缓的 S 形曲线（见图4-1）。其中，第一阶段为城市化的初级阶段，该阶段城市化水平在30%以下。这一阶段中，第一产业所能提供给居民的生产生活资料并不够丰富，从而国民经济的总体实力就比较薄弱,而第二产业发展所需要的资本短缺,致使城市化发展速度较慢,第一产业仍是经济发展的主导,其就业比重也在50%以上。而工业化则是城市化的基本动力,城市的发展依然主要依靠工业企业的扩大再生产模式吸引人口与资金的聚集,表现为城市规模膨胀和数量增加。

第二阶段为加速阶段,该阶段城市化水平在30%~70%。随着科学技术的进步,农业的劳动生产率大为提高,工业化规模不断扩大,城市可以提供更多的就业机会,促进了城市化的高速发展,该阶段城市化水平年均增长率大约是初级阶段发展速度的1.5~2.5倍。

第三阶段为城市化的后期阶段,该阶段城市化水平在70%以上,城市发展主要是靠自身增长,城市化发展速度在一定程度上有所回落,进入发展的平稳阶段。而这一阶段,城市的产业结构就发生了革命性的变化,第三产业就业比重上升到50%以上(孔凡文和许世卫,2006)。

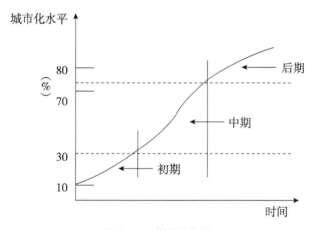

图 4-1 诺瑟姆曲线

4.2.2 加快城镇化与促进经济发展方式转变

相关研究表明,城镇化水平与经济增长间存在着明显的正相关关系,而城镇化是推动现代经济增长的重要动力。钱纳里(1988)通过对世界各国的GDP(国内生产总值)与城镇化水平进行分析,发现城镇化水平越高的地区,GDP 水平也就越高。还有一些相关研究认为,城镇化可以通过缩小收入差距影响经济增长。陈宗胜（2000）认为城镇化缩小收入差距的基本机理是，随着农村人口流入城市，一方面，使农业劳动力的相对稀缺性不断加剧，农业报酬开始增加，从而缩小了工农业部门的收入差距；另一方面，由于农业部门内部高收入人群不断进入城市，使得农村内部的收入差距不断缩小，所以城镇化是可以通过缩小收入差距以影响经济增长的。还有一些相关研究分析了城镇化影响经济增长的微观机理，证明了经济活动的地理集中会产生多方面的外部经济性，如需求关联和成本关联的循环累积因果效应、劳动力市场的共享效应和信息技术的外溢效应等，从而得出了城镇化会通过"集聚效应"和"规模效应"促进经济增长的结论。

从理论上讲，城镇化是城镇数量的扩大和质量提高的统一体，城镇化的发展不仅体现为城镇人口的增加和城镇规模的扩大，更重要的是体现在城镇空间的优化和功能的完善等。如果将城镇化单纯理解为城镇规模的扩大以及城镇化率指标的提高，就会导致城镇的无序发展。我国城镇化的发展必须尽快转变传统的城市空间发展模式，由过去单纯的"外延式发展"转为综合的"内涵式"发展，也就是需要着眼于城镇化发展质量的提高，把握城镇化发展的方向、步骤及节奏，注重环境保护和生态建设，防止城镇化的盲目扩张，努力实现城镇化速度、结构、质量和效益的统一，这也是加快转变我国经济发展方式的内在要求。

所以，加快城镇化有利于加快经济结构调整。城镇化有利于加快产业结构调整，而产业结构的优化实质上是资源配置的帕累托最优问题。目前我国产业结构极不合理，突出问题是第三产业发展不足，比重过低，第二产业中重工业的比重过大，而第一产业的就业结构又很不合理，劳动力就业数量过多。据统计，2011年我国第三产业增加值占GDP的比重仅为四成多，而世界平均水平超过六成，第三产业从业人员占全部就业人员比例不到三成，而发展中国家的平均水平超过四成，发达国家超过六成，美国甚至超过八成，这都是与其城镇化水平保持一致的（陈荣荣，2005）。通过加快城镇化进程，大量第一产业的劳动力转移必然为第二、第三产业的发展提供必要的条件，进而优化整体的产业结构，改善经济结构，最终达到转变经济发展方式的目标，促进第三产业的发展。第三产业发展需要坚实的载体，偏低的城镇化水平无法形成人口的积聚和现代产业的支撑。城镇化进程会加快第三产业的发展，从而促进产业结构优化调整。同时，城镇化有利于区域结构调整。中国区域发展十分不平衡，城镇化的推进可以为落后地区的发展带来契机，加上国家对这些地区的区域援助政策，会使区域发展的不平衡得到一定程度的改善。

4.2.3 农民工市民化与城镇化进程加速

目前，我国大量的农村人口仅仅是以劳动力的形式进入城镇，处于城乡之间摆动迁移的状态，并没有真正享有完善的城镇公共服务，也就是说他们并没有完全融入城市，其生产生活方式并没有实现城镇化。加快农民工市民化的制度创新对提高城镇化的质量和水平、加快经济发展方式转变有十分重要的意义。

农民工是我国经济社会转型期间与户籍制度相关联的一个特殊性概念，泛指户籍登记在农村地区，拥有承包经营土地，但从事的生产经营获得与土地分离，依靠打工收入生活的农村劳动力（国务院发展研究中心课题组，2010）。根据流动程度和利益诉求，农民工可分为三类：一是在城市有固定住所、工作单位，收入相对稳定，基本融入城市的；二是常年在城市打工，有相对稳定的职业、收入和居住地，但又具有一定的流动性（主要是春节返乡）的；三是间歇性或季节性在城镇务工，仍以农业为主，或务工、务农并重的。当前，前两类的农民工人数占据了80%以上（国务院发展研究中心课题组，2010）。从我国农村劳动力整体分布格局看，全国农村劳动力中约1/4外出打工，约1/4在当地从事非农产业，剩余的一半从事农业生产。

客观上讲，外出打工的农民工通过在城市打拼，积累财富，转换成城市居民后，会对经济发展产生很大的影响。这种影响首先体现在消费上，当农民工市民化以后，随着收入的增长，农村居民的消费会增长，消费能力和水平也会变化，而原有的城镇居民由于对服务等需求有所增长，也会增加支出，会使得总消费增加；其次，农民工市民化也会增加城市居民的收入，随着农民工市民化后，经济进一步增长，农村和城市的居民收入水平都会增加。随着农村劳动力的减少，农业的边际产出增加，农业生产率得到提高，农民的人均收入增长可能会更加显著；最后，农民工市民化带来的另一个变化就是就业的增加，随着农民工市民化，会产生许多需求，如餐饮等服务业的需求增长会增加非农就业人员，农民工住房需求的增加会提高建筑业对劳动力的需求，从而增加就业岗位。

从我国目前的国情状况来看，农民工市民化是促进城镇进程与加快经济发展方式转变的突破口。目前，农民工已经达到我国工人总数的 2/3 以上，占据了我国建筑业劳动力的 90%、煤矿采掘业的 80% 以及城市一般服务业的 50%，是我国产业工人的重要组成部分。农民工市民化后，农民工自身及其子女的教育水平、文化素质和职业素养将得到提高，全社会劳动者的整体素质也会得到提高，使得城市化水平不仅体现在数量和规模上，还体现在质量上和结构上。而在农业产业化之后，劳动力投入对农业经济增长的贡献率逐渐下降，农业已不再是农村剩余劳动力的蓄水池，对于城市来说这部分劳动力会形成刚性需求，而不仅是城市劳动力需求的补充因素，农民工市民化成为经济社会发展不可缺少的环节；和农村居民相比，城镇居民的恩格尔系数更低，农民工市民化后，原有城镇居民的服务消费比重和水平更高，加上农民工在获得真正的市民待遇后，自身消费潜力的释放以及政府对公共服务支出比重的增加，客观上会提高第三产业的比重，有利于产业结构的改善。

农民工市民化是社会利益结构的大调整。农民工真正实现市民化必须有稳定的制度保障，保证农民享有与城镇劳动者同等的就业、住房及公共服务等权利，而不是单纯依赖转移农村剩余劳动力和盲目资本投入。因此必须清理现有的政策和法律法规，废除农民工的制度性歧视，落实和完善已有的保障农民工权益的政策和法律法规，切实保障农民工的合法权益和平等权利。

4.3　中国金融市场的二元结构

4.3.1　中国金融市场的二元性

农业是我国经济发展的基础，但是农村资金的严重缺乏抑制了农村经济的良性发展。资料显示，在 2007 年 3 月正式挂牌成立的中国邮政储蓄银行的存款规模约为 1.7 万亿元人民币，但开办的小额抵质押贷款以及小额信用存贷款余额仅有 1000 多亿元人民币，这之间存在极大的存贷差额空间。同时，根据农业部对我国的两万多个农村固定观察点的统计状况来看，2010 年农户借贷的首要资金来源为私人借款，也就是来源于非正规途径的民间借贷方式，且这一比例超过五成，而以农业银行为主的商业银行贷款占据的比例仅为

20.31%，农村信用社的贷款比例为 25.59%。可见，当前农村现有的正式金融制度实际上是一种从农村获取净储蓄的机制，这就导致了农村资金利用的"非农化"以及农村资金持续向农村以外地区的流转，从而严重地恶化了"三农"经济可持续发展的基础。在传统的经济条件下，农业以及农村的相应资金会通过财政、金融以及贸易等多个渠道流向工业生产以及城市建设，使得农村经济更加受到遏制，从而形成了中国经济体制的二元经济结构以及二元金融结构，致使我国金融市场出现了严重的二元分割状况。

然而，相比城市地区，农村地区的金融机构调整及改革会更加复杂，在经过多年实践探索，我国农村地区的金融模式逐渐形成了"农村信用社—农村合作银行—农村商业银行"的发展路径。但是，自 2010 年银监会停止了农村合作银行的审批之后，相应的农村信用社及农村合作银行就在符合条件的情况下被直接改制为农村商业银行。所以，组建农村商业银行就成为农村地区金融机构调整以及改革的主要方向。而在这种改革的基本思路之下，"城市商业银行"与"农村商业银行"的组建模式就被习惯性地分离开来，也就是城市信用社只能改制为城市商业银行，而农村信用社也就只有改制为农村商业银行的这一条路了。但是，这种惯性化的"分离模式"，无疑人为地加剧了城市与农村金融的二元化，极其不利于城市金融服务资源流向农村地区。

城乡金融市场的分割性以及农村金融的抑制性是中国政府实施金融支持工业化政策导向的一个结果。也就是说，不适当的宏观经济对策、扭曲的金融政策和市场刚性以及法律和管制限制等客观上妨碍了农村金融的进一步发展。因此，政府在反思传统发展战略选择的同时，应该重视金融对农村发展的作用，放弃政府直接干预，建立市场化的农村金融机构，坚持农村金融深化发展的方向。所以事实上，许多发展中国家的政府逐步从对金融市场的直接干预行为转变为扶助性的间接干预行为，在追求金融机构可持续发展和信贷覆盖面的方向上，逐渐倾向于满足农户和中小企业的金融需求。

4.3.2　脆弱的农村金融市场

长期以来，农村金融都是中国金融体系中相对较薄弱的部分，尤其是在过去一段时间之内，我国农村金融以国有商业银行和农村信用社为主体时，使得其他相关的农村金融机构几乎无法在农村金融体系中立足。但是，国有商业银行以及农村信用社的计划经济色彩明显，其经营机制相对落后，农村金融机构的风险控制能力也较弱，并不能对"三农"发展提供足够的服务与支撑，整体农村金融服务可以用"量少质差"这四个字来形容。另外，银监会的相关调查表明，截至 2010 年，全国有 2312 个乡镇还依然没有任何的农村金融机构。在我国薄弱的金融生态环境下，金融市场还呈现出明显的二元性，即农村金融市场与城市金融存在严格的市场分割，一方面，表现为农村金融市场的发展落后于城市金融市场的发展；另一方面，则表现为正规金融与非正规金融的分割。在关系借贷和正规金融可以满足需求时，农户不会求租于高利贷。这意味着，以高利贷为特征的非正规金融一直都是在正规金融留下的"真空区域"中生存，所以不可能与正规金融发生竞争性的替代关系，即非正规金融市场和正规金融市场一直都是分开生存的。

4.4 农村金融发展与城乡统筹经济发展

4.4.1 生产要素与经济增长

我国提出城乡统筹战略的根本目的就是要实现中国经济统筹发展的均衡，而农村经济的发展也同样离不开农村金融产业的支持，如曼德克和赫尔德特采用经济计量方法研究了农业贷款的效应。虽然不同学者使用的具体研究模型有所差异（如生产函数模型、投入要素需求函数模型及效率缺口函数模型），但相关研究均表明，贷款行为对于农业生产是具有积极影响的，而且在统计上还是非常显著的（冯匹斯克，1990）。

资本形成对经济增长的积极作用充分说明了金融对于经济的支持作用。也就是说，资本要素始终是一个重要而不可或缺的生产要素。从马克思政治经济学角度看，金融对经济的作用也是不言而喻的。马克思认为，资本是经济增长的前提。马克思多次强调资本对经济增长的作用，并且在分析资本积累和扩大再生产时指出，无论是社会考察还是个别考察，商品生产过程都要求货币形式的资本或者是货币资本作为新开办企业的第一推动力与持续的动力源，而生产的扩大，要取决于剩余价值到追加资本的转化，也就是要取决于作为生产基础的资本的扩大（马克思，1975）。从这个意义上讲，马克思的经济增长理论认为持续稳定的经济增长必须以充足的资本供给为前提。而我

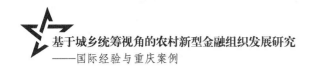

国要实现城乡的统筹发展，必须重视发展农村地区的经济，这就离不开金融的支持，尤其是农村金融自身的发展。

索洛模型充分而准确地描述了资本与经济的关系。1939 年，英国经济学家哈罗德发表了《论动态理论》，而 1946 年多马也发表了《资本扩张、增长率和就业》，他们分别在凯恩斯就业理论和国民收入决定理论的基础上各自得出了经济稳定增长的条件，这被称之为哈罗德 – 多马模型（Harrod – Domar Model）。哈罗德 – 多马模型的基本假定包括：①全社会生产的产品只有一种，该产品既可做个人消费，又可做生产要素投入生产；②只有两种生产要素，即劳动力与资本；③资本与产量比率固定不变；④不存在技术进步或只有中性技术进步。

"哈罗德 – 多马增长模型"（Harrod – Domar Model）的表达式为：

$$G = s/V$$

上式中，G 表示收入（或产量）增长率，即经济增长率，也就是本期收入（或产量）增量与上期收入（或产量）之比（$\Delta Y/Y$）；s 表示平均储蓄倾向，即总储蓄与总收入之比（s/y）；V 表示加速系数，即投资与产量之比（I/Y）。而该式也可表示为：$\Delta Y/Y = s \times \Delta Y/\Delta K$。其中，$Y$ 表示产出，ΔY 表示产出的变化量，$\Delta Y/Y$ 表示经济增长率，S 表示储蓄率；ΔK 表示资本存量 K 的变化量。$\Delta Y/\Delta K$ 表示每增加一个单位的资本可以增加的产出，即资本（投资）的使用效率。

哈罗德 – 多马模型为经济增长理论向动态化、长期化、定量化、实用化方向发展做出了开创性贡献。由于这一模型高度抽象与简化，而且便于测算，已成为经济学家及一些国家用以研究预测经济增长、制定经济计划的便捷手段。哈罗德 – 多马模型从储蓄率与投资的角度来分析经济增长问题，强调投资是经济增长的原动力，资本积累在经济增长中具有决定性作用。但哈罗德 – 多马模型却忽略了技术进步、劳动力素质的提高和结构因素对经济增长的促进作用。美国经济学家索洛在《经济增长理论》中，在哈罗德 – 多马模型的基础上，增加了技术进步的因素。

新古典增长理论放弃了哈罗德多马模型中关于资本和劳动不可替代的假设。模型的假设前提大致是：①全社会只生产一种产品；②储蓄函数为 $S = sY$，其中 s 是作为参数的储蓄，且 $0 < s < 1$；③不存在技术进步，也不存在

资本折旧；④生产的规模报酬不变；⑤劳动力按一个不变的比率 n 增长。

索洛推导出新古典增长模型的基本方程为：

$$sf(k) = k + nk$$

其中，$k = K/L$，为资本与劳动力之比，为每一个劳动力所能分摊到的（或按人口平均的）资本设备；$k = dk/dt$ 为每单位时间 k 的增加量，即按人口平均的资本增加量；$f(k) = y = Y/L$，为每个劳动力的平均生产量，大致为按人口平均的产量；s 为储蓄比例，n 为人口增长率。

由此可见，索洛模型说明，社会中的储蓄可以被分为两个部分：一部分是人均资本的增量 k，即为每个人配备的更多的资本设备，也就是资本深化作用；而另一部分则是为每增加的人口配备的人均应得资本设备 nk，也就是资本广化作用。具体而言，在一个社会中全部产出减去被消费的部分（C）之后，剩下的就是储蓄，而在投资等于储蓄的基本条件下，储蓄也就被用于两个部分，即一部分用于添加资本设备；另一部分则是为新生人口提供平均数量的资本设备。因此，以柯布－道格拉斯函数为基础的索洛增长模型，提出的经济增长不仅取决于资本增长率、劳动增长率、资本与劳动对收入增长的相对贡献，而且还取决于技术进步，这就凸显了技术进步对于经济增长的重要作用。

4.4.2　经济增长与金融发展

对于经济增长与金融发展之间的关系，很多研究表明金融发展会对农村经济增长、农村人口收入增加以及农村地区贫困减少产生影响。其中，金融制度与经济发展之间存在一种相互刺激以及相互影响的互动作用，也就是说，一方面，健全的金融制度能够有效地将多余的储蓄资金集中并引导到生产投资中，从而刺激经济发展；而另一方面，经济发展会促使国民收入的提高，利用储蓄和投资的增长刺激金融行业的发展。国内对于金融发展与经济增长的相关研究始于 2000 年。其中，周立（2004）对 1978—2000 年中国各地区的金融发展与经济增长的关系进行了宏观及区域的实证研究，发现中国各地区的金融发展程度与经济增长之间存在密切的关系，因此促进金融发展是能够有利于经济增长的。

总体而言，由于金融运行与经济增长之间存在一定程度上的因果关系，发展中国家应该建立高效运行的金融体系，而且发展中国家经济发展的滞后

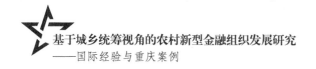
是与落后的农村金融市场之间存在密切相关的关系的，政府的政策重点应转向金融基础建设，从而确保本国金融体系的有效运行。

城乡统筹发展与农村金融发展是相辅相成的。在我国，农业一直是弱势产业，属于低利润、高风险的产业，再加上农村保障机制缺失以及信用体系不健全，商业金融信贷投向趋利性与农业固有的高风险和低利润间形成了较大的反差，极大影响了商业金融对"三农"的支持热情。而且，有效率的金融市场需要完全的市场竞争与充分的信息，并不存在外部性。在通常情况下，这些要求对于农村金融市场是无效的。农村金融机构无法获得按风险定价的收益，许多贷款只是按产业和政府的意图发放，侧重于农业生产而忽视了农村的非农村企业，丧失了分散风险和实现增长的机会。尤其是在中国传统的农村金融市场中，农村金融机构的产权主体存在缺位的状况，也缺失相应的激励制度，从而商业银行的经营效率低下。而且作为农村金融服务主体的农村金融机构，由于设立基础薄弱，资金实力也不强，服务功能就会被弱化，这极大地制约了农场金融机构对"三农"的支持力度。所以，需要在建立现代农业发展的基础上，找到和农村金融相匹配的农业生产方式，才能够找到适合农村企业以及农村金融市场的稳定的盈利模式，才能够适合农村金融市场的长久发展（宋立，2011）。

4.4.3 农村金融发展与城乡统筹经济发展

发展农村金融是一个长期制度变迁的过程。随着统筹城乡改革的不断深入，农村金融创新和发展也面临一些体制性、机制性因素的制约，城乡资金合理配置的市场化机制还没有形成，农村金融发展尚不能完全适应统筹城乡发展的要求。图4-2就表现了金融制度安排与统筹城乡发展的关系。

农村金融是现代农村经济的核心因素，因此一方面需要进一步推进农村金融制度的变迁，在宏观调控方面加大支持农村金融发展的力度，引导更多社会资本投向农村地区，拓宽农村金融的融资渠道；而另一方面又同时需要立足长远发展，放宽农村金融准入门槛，加快建立有利于农业及农村发展的农村金融体制和机制，建立商业性金融、合作性金融、政策性金融相结合，资本充足、运转高效、服务完善的现代农村金融体系。

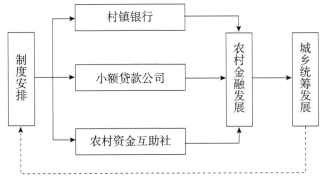

图 4 – 2　制度安排与统筹城乡金融发展的关系

4.5　农村新型金融组织、农村金融发展与城乡统筹经济发展

4.5.1　供需视角的分析

对于农村新型金融组织而言，自身发展的好坏会影响到农村金融市场以及农村金融制度的好坏，进而影响到农村经济的发展，即影响到城乡统筹经济的发展。农村新型金融组织对于城乡统筹经济发展更多的是一种间接影响，也就是说，农村新型金融组织对城乡统筹经济发展产生影响是需要通过一个中介的，这个中介就是农村金融发展，而产生作用的方式则是通过影响农村金融市场中的供给曲线。农村新型金融组织通过农村金融发展产生对统筹城乡经济发展产生作用的方式见图 4 – 3。

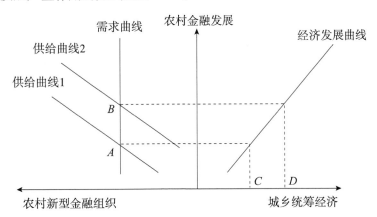

图 4 – 3　农村新型金融组织、农村金融发展与城乡统筹经济发展（供需视角）

从图 4-3 中可以看出,农村金融市场发展至一个阶段后,通常会处于一个较为稳定的状况,也就是说,即使农村金融市场会发生变动,也并非是一个可以在短时期内迅速改变的过程,因此,在这种情况下,对于农村金融的需求就是一个刚性的需求。也就是说,一方面由于外部环境的影响,对于农村金融的需求并不会发生过大的变化,一定程度上农村金融的需求会受到外部环境的制约,外部环境不发生较大的变化,农村金融的需求虽然会有波动,但是短期内并不会产生质的波动;而另一方面对于农村人口以及农村中小企业的金融需求而言,由于农业生产模式的相对固定化,因此各年度间的金融需求并不会出现太大的变化,尤其是当前中国农村金融中存在严重的供不应求的状况,农村金融市场中已有的金融需求还未能够全部得到满足,那么短期内也就不会有进一步的增长。所以短期内农村金融的需求是表现为刚性的,也就是图 4-3 中的一条直立的竖线(需求曲线)。而对于农村金融市场中的供给曲线而言,则会表现为图 4-3 中的一条向左上方倾斜的曲线(供给曲线1),这就意味着新型农村金融组织的增加,会相应地增加农村金融市场的供给程度,进而会影响农村金融的发展。由于我国农村金融市场中,存在着严重的供不应求的状况,供需缺口较大,因此农村金融市场的供给曲线就会随着农村新型金融组织的增加而表现为图 4-3 中相应的上升(供给曲线2)。从图 4-3 中可以看出,随着农村新型金融组织的增加,供给曲线由第一条上升到第二条,而与需求曲线的均衡点也从 A 点上升到 B 点,这就意味着在农村金融需求表现为刚性的条件下,由于农村新型金融组织增加而导致的农村金融供给的增加会导致农村金融市场中供需缺口的减少,从而相应地提升了农村金融发展的程度。

进一步,从图 4-3 的右侧来看,农村金融发展对于统筹城乡经济是一种正向的影响,也就是说农村金融发展程度越高,那么农村经济发展程度就相应越高,从而缩减了农村与城市之间的差距,从而使得统筹城乡经济发展得更好。

因此,综合图 4-3 的左右两侧可以看出,农村新型金融组织的增加,会使得农村金融发展程度更高,进而就会使得统筹城乡经济的和谐度更高,也就是说农村新型金融组织的发展状况会促进统筹城乡经济的发展状况。

4.5.2 劳动力视角的分析

除了通过供给视角的相应影响，农村新型金融组织还会通过劳动力的视角影响到农村金融市场的发展，进而使得城乡经济更加统筹和谐地发展。具体的影响机制表现见图4-4。

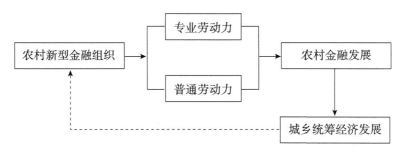

图4-4 农村新型金融组织、农村金融发展与城乡统筹经济发展（劳动力视角）

从图4-4表现的内容来看，农村新型金融组织从成立到完善，再到在农村金融市场以及农村经济生产活动中产生作用，劳动力的问题在其中既得到了一定的解决，又发挥了一定的作用。一方面，农村新型金融组织的建立需要一定的专业人才，需要这些专业人才在将农村新型金融组织在农村的扎根工作上付出努力，也就是说需要这部分人落实到农村金融的工作中，促进农村金融市场的发展；另一方面，农村新型金融组织的成立，还可以在一定程度上解决一部分农村人口的实际就业问题，因为农村新型金融组织的机构设置在农村中，因此农村新型金融组织的就业人员，不可能全部来自城市，这就会解决一部分农村人口的就业问题，也会吸引一部分毕业的农村大学生，尤其是在毕业后回到农村工作具有技术的农村大学生，这同样会促进农村金融市场的发展。

在这种情况下，一方面农村地区得到了一部分专业的劳动力；另一方面解决了一部分劳动力的就业问题，从而会促进农村地区的经济发展，在一定程度上缩小了城乡差距，使得农村地区和城市之间进一步实现统筹发展。而且，随着城乡统筹经济的发展，农村地区与城市之间差距的缩小反而使得更多的专业劳动力自愿回到农村地区进行服务，这会进一步促进农村新型金融组织的发展，使农村新型金融组织与农村金融发展以及统筹城乡经济发展之间形成一种良性的循环影响。

4.6 本章小结

对于中国经济发展现状而言，二元经济特征明显，也就是说城乡经济存在很大的差距，而这种二元经济既是我国经济结构中的突出矛盾，也是农村地区相对贫困与落后的重要原因。与二元经济结构相对应的是，当前中国金融领域中，同样存在突出的二元结构问题，农村金融发展同样存在滞后性。但是，农村金融发展的提升，却可以促进城乡经济的统筹。因此，本章重点以城乡统筹经济发展的视角，在分析我国统筹城乡经济现状的基础上，分析了农村金融发展对于统筹城乡经济所能够产生的作用。研究发现：

（1）在对我国城乡统筹现状及问题进行分析时发现，我国城乡经济社会的发展水平存在较大差异，而且城乡间的经济差异还在逐步扩大，造成这一现象的原因在于城乡二元结构、既得利益者对于改革的阻挠以及制度变迁的路径依赖，而改变这一现象的措施就在于改变二元结构、消除劳动力市场分割以及制度变革。

（2）在对统筹城乡发展的空间路径进行分析时发现，城镇化是一种较好的方式。因此需要以促进经济发展的方式加快城镇化，同时以农民工市民化加快城镇化。

（3）在对中国金融市场二元结构的分析时发现，中国金融市场中依然存在二元性的问题，而且农村金融市场相比城市金融市场更加脆弱。

（4）在对农村金融发展与统筹城乡经济发展的关系分析时发现，虽然农村金融的发展能够最终促使城乡统筹发展，但是由于城乡资金合理配置的市场化机制还没有形成，农村金融发展尚不能完全适应统筹城乡发展的要求。

（5）在对农村新型金融组织、农村金融发展与统筹城乡经济发展进行研究时，在通过供需视角以及劳动力视角进行的分析均发现，农村新型金融组织的发展会对统筹城乡经济发展起到良性的影响，但是需要以农村金融发展作为产生影响的媒介。

5 中国农村金融组织及市场发展分析

农村金融组织体系是农村信贷资金运作的基本载体，代表了农村资金营运的基本体系分工，决定了农村金融市场的整体效率。本章将分别对中国农村金融制度及农村金融组织的演进、中国农村金融市场供需结构以及中国农村金融组织的发展现状进行相应的分析。

5.1 中国农村金融制度及农村金融组织的演进

"三农"问题从根本上影响着中国社会与经济的稳定发展以及现代化的进程，所以解决资源配置的问题就是解决"三农"问题的关键，而农村金融制度是农村经济发展中最重要的资本要素配置制度，因此农村金融发展对农村经济发展具有重要的意义（姚耀军，2006）。从中国农村金融的制度演进来看，主要分为三个阶段：

第一阶段（1949—1978 年）：农村金融制度初创探索阶段。1951 年的首次全国农村金融工作会议，奠定了农村金融在这一阶段的"二元金融"组织格局，即国家金融与合作金融。该次会议提出了试办农村信用合作组织，即农村信用合作社的方案，但由于产权约束能力差，信用社主要依赖于外部监督，内部却未能形成自我约束，造成责权利脱节，自我调节和自我发展机制不健全，加上国家银行对其管理不够健全，使得农村信用社经常出现经营问题。

第二阶段（1979—1993 年）：农村金融制度调整发展阶段。1979 年中国农业银行恢复设立，其任务是统一管理支农资金，集中办理农村信贷。而随着改革开放和家庭联产承包责任制的推行，农村经济获得迅速发展，农村金融市场的广度和深度也发生了很大变化，主要表现为农村金融领域出现了两次重大的机构重组性改革：一次是政策性金融从农业银行分离；另一次则是农村信用社从农业银行分离。在这段时期，农业银行处于身兼政策性银行与商业性银行的双重业务困境，而且长期以来与农村信用社的"剪不断，理还乱"的关系也有望得到解决，从而标志着中国农村信用组织制定的第三阶段的到来（杨生斌，1995）。

第三阶段（1994年至今）：农村金融制度深化改革阶段。经过两次机构改革之后，农业银行商业化发展目标逐渐明确，这也直接导致选择了撤离农村主攻城镇的发展战略，客观上造成了农村金融供给的严重不足。在政策性金融领域，1994年我国成立了中国农业发展银行，此后农村信用社从中国农业银行脱离，而2009年中国农业银行也整体改制为股份有限公司。

改革开放至今，我国农村金融相应发展的实践表明，中国农村金融改革主要由政府主导自上而下地推动，基本属于强制性制度变迁，而这种自上而下的制度安排，难以充分反映"三农"的实际状况以及满足农村微观主体的要求，并导致我国农村金融制度长期以来出现低效率、高成本和高风险的状况。为了改变农村金融市场供给不足的现状，2004年以来，中央政府特别重视"三农"问题，为提高金融服务的质量以及加快金融体制的改革连续发了多个文件，对于小额信贷组织和小额信贷业务的发展，政府给予了积极鼓励和支持。这些文件为金融体制的改革指明了方向，也为地方政府制定政策提供了依据，但并没有直接涉及小额信贷业务等内容。2005年，我国开始在部分地区探索新型农村金融机构改革试点，允许在农村地区设立"村镇银行""小额贷款公司"和"农村资金互助社"。2008年，《中共中央关于推进农村改革发展若干重大问题的决定》的提出大力推进了相关的改革创新，放宽了农村金融准入政策，要求要适应农村经济多元化需求，规范发展多种形式的新型农村金融机构和以服务农村为主的地区性中小银行，鼓励发展适合农村需要特点的各种微型金融服务。至此，中央政府确立了通过促进金融机构多元化及培育竞争性农村金融机构体系、地方化及小型化的路径。

5.2 中国农村金融市场供需结构分析

5.2.1 中国农村金融市场的生态结构

农村金融生态是为农村经济发展提供多种金融服务的各类金融机构形成的一种动态的、均衡的及统一的有机系统，它涵盖了农村金融机构、农村金融市场、法律法规、社会信用体系、中介调控体系等内容。在这个系统中，金融要素之间紧密联系、相互制衡和作用、相互促进、协同发展。政府、金融资本供给者、农村金融产品需求者、农村金融组织是这个系统的主要主体，如图5－1所示。

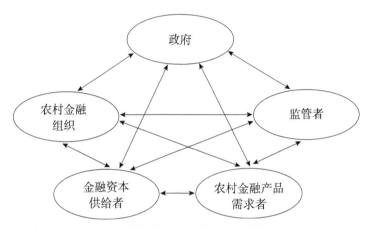

图5－1　农村金融市场的利益主体及其关系结构

目前，我国农村金融生态系统现状表现为：

第一，生态主体失位。农村金融生态主体的数量稀少，金融种群薄弱，缺乏金融机构破产法的刚性规定。国有商业银行县级以下的网点战略收缩，农村信用社的网点不断减少，使农村金融服务出现"荒漠化"，邮政储蓄让近万亿元的资金流出农村，加剧了农村金融生态的失衡局面。农村信用社成为农村金融市场的绝对主体，这种垄断格局必然导致竞争的不充分，降低金融资源的配置效率，不利于金融生态环境的改善。

第二，生态调节失灵。因生态调节失灵，资不抵债的农村金融种群无法及时退出市场，所以出现了"劣币驱逐良币"现象，使得农村金融生态出现结构扭曲、供给与需求结构错位的状况。

第三，生态环境失衡。农村金融生态的外部环境阻碍了农村金融生态的平衡。农村金融生态链因农村的弱位、农业的弱质、农民的弱势而具有显著的金融脆弱性，生态链极易因外力的冲击而断裂。农村金融物种、种群、群落、生态系统无法高效联动；农村金融物种个体质量不高，竞争力弱。

从更深的层面来看，实际上中国农村金融改革的限制是制度和组织的缺失，这种制度和组织是以农民为主体的。由农户的弱势及政府的强势主导的中国农村金融发展形成了以下农村金融生态困境：

第一，适合农村经济发展的农户互助合作社由于长期分散化经营，农户的合作能力与合作意愿较低，单纯依靠农户自发力量难以发展成具有内在特征的农村金融体系。

第二，强势的政府虽然有能力建立适合农村经济发展需要的金融组织，但由于长期以城市为导向的金融体制脱离了农村的生长环境，最终导致基于旧有体制的向农村市场倾斜的金融制度难以达到预期效果。于是，农村社会经济体内无法形成足够强大有效的市场力量，反而内生成符合自我发展的金融组织，而处于外部的纵向力量，也无法渗入到农村内部内化成真正为农村所需的金融组织。至此，农村的社会经济结构如同笼罩了一个坚硬的外壳，内生力量呼之不出，外生力量欲之难进，成为农村金融发展的尴尬写照。

5.2.2 农村金融市场的需求分析

农村金融市场的需求主要表现在农村金融机构客户对资金的需求量及需求形式的影响。改革开放之后，农户成为农业经营的主体，对资金的需求逐渐增加。在现有金融体系安排下，农村正规金融未能满足农业、农村和农村人口的资金需求。从短缺经济视角来看，由于中国城乡二元化经济的状况以及现有的制度安排，我国农场金融中存在严重的贡献矛盾。从农村金融的需求状况来看，需求量在不断扩大，农村金融的结构也越来越丰富，但是由于政策性的农村金融供给表现为一种刚性的状况，就导致供给远远无法满足不断增加的需求，从而导致了农村金融中正规金融供给与经济主体的融资需求严重失衡，进而无法满足农业、农村和农村人口的资金需求的状况。因此，从表 5 - 1 可以看出，我国农村金融的资金供求缺口不断放大，供求矛盾日益突出。

表 5 - 1	农村金融的资金供求及缺口情况		单位：亿元
资金供需 年份	资金供给	资金需求	供需缺口
1997	14442.8	16638.1	2159.3
1998	14818.4	18338.6	3520.2
1999	14770.7	19746.0	4975.3

续 表

年份 资金供需	资金供给	资金需求	供需缺口
2000	14945.4	20277.7	5332.3
2001	15782.0	22772.4	6990.4
2002	16537.7	25441.5	8903.8
2003	17382.3	28309.0	10926.7
2004	21413.3	34042.4	12629.1
2005	22420.6	36045.0	13624.4
2006	24040.6	39670.0	15629.4

从农村各经济主体行为的金融需求考察状况来看，各类农村市场主体对资金的需求表现呈日益扩大的局面，具体而言：

第一，从专门进行粮食生产流通的企业的角度来看，"民以食为天"，农产品关系到国计民生，因此粮食生产类企业的一系列经营程序，如粮食的加工销售及资金运转等都有着很重要的意义，其经营风险高，流动资金需求量大，资金周转速度慢，利润率受市场波动的影响大，营销资金不足已成不少中小粮食购销企业经营发展的制约瓶颈。我国财政体制实行了分级管理后，受地方性财政的一系列措施滞后以及其他不利因素的影响，粮食经营企业的资金大量短缺。

第二，从农村非农企业的角度来看，改革开放以来，我国农村的非农产业高速发展，远远高于农业及城市非农产业的增长速度。乡村中小企业对资金融入的需求很大，其特征主要表现为负债率高和非规范的直接融资占负债的比例较高。农村中小企业发展对农村金融机构存在着较强的依赖性，但是由于资金规模、贷款方式等诸多障碍，正规金融机构很难满足农村企业的贷款需求，严重制约了农村企业的发展。这一农村非农企业就转向非正规金融组织和民间金融市场融入资金，客观上刺激了非正规金融组织和民间借贷市场的发展。但是也产生了负效应：向非正规金融组织融资蕴藏着极高的金融风险。

第三，从农户的角度来看，我国农户既是农村资金的主要供给者，又是农村金融服务的主要需求者。农村改革开放以来，作为农业生产经营主体的农户，其地位不断提升，农户的借贷规模也日益扩大。其中，对以种植业为主的农户，农民有购买各类农机具、化肥、种子、农药等农用物资的资金需求，但由于这些农户生产存在生产规模单一且规模小以及借贷资金数量少的特征，生产过程中会出现主要依赖于自有资金，对借贷资金，尤其是正规途径的借贷资金需求量较少的状况，而部分从事工商业或者是养殖业的农户，却存在借贷资金数量较大、资金需求量也较大的状况。然而，现实状况却是，农户的资金需求经常处于被抑制状态，由于缺乏有效的借贷机制，尤其是缺乏在正规金融机构借款所需的抵押品或者担保品，就使得有借贷需求的农户很难通过如商业银行或农村信用社的正规途径获取到贷款。

5.2.3 农村金融市场的供给分析

我国农村金融市场供需存在严重失衡的状况，主要就是因为农村金融服务的供给严重不足。由于存在信息不对称、委托代理及交易成本过大等问题，规模大及实力雄厚的商业银行大多不愿意向规模小及抵押品不足的农户和小型农业生产企业提供信贷，使得有限的农业信贷资金供给严重不足，造成越是"不差钱"的企业越容易得到贷款，而急需资金的企业却只能望"钱"兴叹。退一步讲，即使四大国有商业银行在农村地区设立网点，开展业务，由于其本身在小额贷款方面的信息和成本上具有先天劣势，所以也难以满足小额的金融服务需求。1985—2008年，农村信贷款在我国贷款中所占的比重年均仅为11.79%，且增速放缓。农村贷款在我国贷款中的比重呈下滑趋势，从1985年的12.48%下降到2008年的8.27%，而且农业贷款在我国贷款中的比重较低，其年均比重仅为6.06%，同样逐年下降。如图5-2所示，我国农村居民借贷的主要来源仍是亲友间的借贷，金融市场的供给明显不足。根据相关计算，我国农户小额信贷的缺口应该在3万亿元左右。

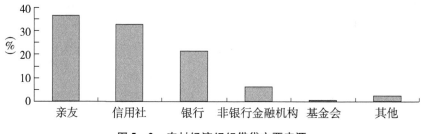

图5-2 农村经济组织借贷主要来源

当前我国农村金融存在着严重的供给不足，主要原因在于明显缺乏为农业经济及农村人口服务的金融机构，从而使得基础组织中缺乏能够使农村金融体系稳定的"组织基础"。然而，正规金融机构纷纷撤离，农村网点少且网点覆盖率低，农村金融机构与金融体系难以对县域经济发展提供足够的金融支持。而市场化改革后，国有商业银行未能从战略高度重视农村金融市场的开发，而是把战略资源放在城市地区。这样，与城市里金融机构"多如米店"的状况不同，农村金融机构急剧萎缩，一些农村地区甚至出现了"金融盲点"的现象，正规金融机构纷纷撤离在农村的人员和网点。以中国农业银行为例，其分支机构从 1995 年的 6.7 万个下降到 2008 年的 2.4 万个，营业网点数量下降了 2/3 左右。从 1999 年开始，全国上千家农村基金会全部关闭，四大国有银行大规模撤并了 31000 多家地县以下基层网点。然而，商业银行在国内的各行政村的覆盖率仅为 3.28%，其中 65.4% 的乡镇仅有农村信用社和邮政储蓄机构，而农村信用社和邮政储蓄的网点在乡镇地区的比例达到了近九成，而这一数字在行政村则更高。2007 年年末，全国县域金融机构的网点数是 12.4 万个，比 2004 年减少 9811 个。县级农村信用合作社及其网点数位 5.2 万个，比 2004 年减少了 1.39 万个。随着国有商业银行结构性市场退出，县域金融机构数目严重不足，金融对县域经济的支持十分薄弱。2010 年年末，全国县域贷款余额 12.3 万亿元，在全国金融机构贷款余额的占比为 25% 左右。目前，政府主导的金融机构仍占绝对主导地位，民间资本型的中小型商业银行、区域性银行和互助金融机构比重过低，市场进入机制严重滞后（见表 5-2）。

表 5-2　　　　1998—2000 年四大国有商业银行所撤并的县支行

银行名称	撤并数（家）	撤并比例（%）
工商银行	541	27.8
中国银行	204	18.6
建设银行	464	24.1
农业银行	377	15.4

5.2.4　农民贷款难的主要原因

2007 年 12 月，全国金融机构的各项贷款余额达 26.17 万亿元，而用于农业和农村的贷款余额仅占 6% 左右，至 2009 年中期，这一比例下降为 5.7%。

我国农村金融的支农贷款的数量虽然不断增长，但是贷款余额占比却有不断下降的趋势。当前农民当前贷款难的原因主要有：

第一，针对高利息贷款的情况，农户贷款需求势必会减少。过高的贷款利息抑制了农户的贷款需求。农村信用社的贷款成本也相当高，然而当前农业贷款恰好也主要依靠农村信用社，农村信用社的贷款利息根据政府规定可上浮50%，而这个数字则大大高于农业生产实际效益（大约7%）。在资金需求较为紧张的春耕时节，一些地方的利息甚至会涨到很高的水平，已经超出了国家规定贷款利率的数倍，形成了实际上的高利贷状态。

第二，农业贷款期限有长中短期，但结构不合理。众所周知，不同的农作物生长周期是不同的，比如，有的是短期的，为3~6个月，有的林果业则是2~3年，有的渔业则有淡旺季之分，但是农业贷款通常都是短期的，这样的短期化贷款无法真正满足农户的实际需求，客观上也加重了农户的还款难度。

第三，农村信贷工作人员人才的缺乏。有些地区的农村信贷业务量极多（如山东和河南），每个业务员平均每天要面对几千名客户，因此存在严重的业务员少、业务量需求大的失衡现象。

第四，手续繁多成为农民贷款难的重要原因。由于一般农户缺乏有效担保和抵押，而涉农金融机构主要办理抵押贷款和质押贷款，但是大多数农民没有合法有效的抵押物，农村诚信环境没有改善、担保缺乏的情况，无形中抬高了农民借贷的门槛（见图5-3）。

农村金融市场的供需失衡，催生了地下金融市场的畸形发展。根据农业部对国内两万多个村庄进行的固定观察的统计状况来看，在2010年仅有两成农户的借贷资金是来源于商业银行的贷款，但是这一数字已经比2003年增加了6.45%；通过农村信用社进行贷款的也仅有两成半，而这一数字也比2003年增加了6.69%，也就是说通过正规金融进行借贷的并没有超过半数，但是有超过半数的民间借贷仍然是通过非正规金融途径进行的。中央财经大学完成了一项有关中国地下金融规模与宏观经济影响的课题，课题组对中国20个省份的地下金融状况进行了实地抽样调查，认为目前的地下金融，即俗称民间高利贷，高达0.8万亿元。

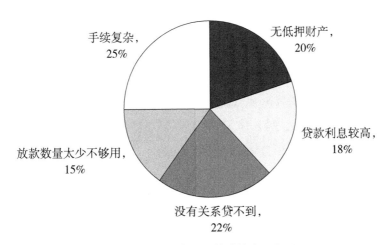

图 5 - 3　农民当前贷款难的主要原因

5.2.5　"供给领先"与"需求追随"

金融供给论指的是金融机构、资产与负债、金融服务的供给先于需求，金融需求论则正好相反。这两种模式并没有绝对的好坏之分，而是应该与经济发展的具体阶段相适应的，只是在不同的经济发展时期需要有不同的顺序。在经济发展的初期，供给型金融是占据主导地位的，然而随着经济发展，需求型金融会逐渐导入。中国经济的地域性与层次性特征，也决定了金融需求主体对金融商品的需求存在一定的地域性和层次性特征。在欠发达地区，小农经济为主体，所以存款需要和贷款需求规模较小，信息离散度高。对于大型商业银行来说，所需信息成本较高，没有规模效益，再加上缺乏发展的经济基础，所以此时应该选择"供给型"的金融发展模式来充当发挥政策性金融的角色。而在经济发达的东部地区，农村金融已经具有一定的发展基础，在这种情况下，私营经济就会成为地区经济发展的主力，此时选择"需求追随"的金融发展模式，更能促进所有制金融机构的发展。

5.3　中国农村金融组织的发展现状分析

5.3.1　中国农村金融在金融体系中的地位

随着中国工业化、城镇化的发展，对农村金融服务的要求也越来越高。客观上讲，我国农村金融在服务理念、经营机制及管理水平等方面与发达国家还存在较大差距。目前，农村金融仍然是我国金融体系中的薄弱环节。
1992—2008 年，无论是农业贷款额还是农村贷款额都呈逐年上升趋势。但是，
农业贷款和农村贷款占全国贷款比重却呈下降趋势。截至 2008 年，我国农村
金融中，农业贷款占全国贷款比重仅为 5.81%，而整个农村贷款占全国贷款
比重也仅为 8.27%（如表 5 - 3 所示），这说明农村金融供给严重落后于城市
金融供给，农村金融和城市金融差距进一步加大。

表 5 - 3　　　　　　　　　农村金融在我国金融发展中的地位　　　　　　单位：亿元

年份	全国贷款	农业贷款	比重（%）	农村贷款	比重（%）
1992	26322.90	1987.60	7.55	3871.29	14.71
1993	32943.10	2397.30	7.28	4835.00	14.68
1994	39976.00	2362.50	5.91	4641.90	11.61
1995	50544.10	3016.40	5.97	5795.50	11.47
1996	61156.60	3854.40	6.30	7119.10	11.64
1997	74914.10	3314.60	4.42	8350.40	11.15
1998	86524.10	4444.20	5.14	10024.20	11.59
1999	93734.30	4792.40	5.11	10953.70	11.69
2000	99371.10	4889.00	4.92	10949.80	11.02
2001	112314.70	5711.50	5.09	12124.50	10.80
2002	131293.90	6884.58	5.24	13696.84	10.43
2003	158996.20	8411.35	5.29	16072.90	10.11
2004	178197.80	9843.11	5.52	17912.33	10.05
2005	194690.40	11592.93	5.95	19494.69	10.01
2006	225347.20	13208.19	5.86	19430.20	8.62
2007	261690.90	15429.00	5.90	222542.00	8.61
2008	303395.00	17629.00	5.81	25083.00	8.27

资料来源：根据相关年度《中国金融年鉴》数据整理。

5.3.2　中国农村金融组织的主体框架

随着金融改革的深化，我国农村金融市场发生了巨大变化。当前中国的
农村金融市场中已经形成了种类相对齐全的正规金融组织体系，包括农村合

作银行、农业银行、小额贷款公司、农业发展银行、村镇银行、邮政储蓄、资金互助社、农村商业银行以及农村信用社。但是在这些正规的农村金融机构中，农村合作银行依然是试点性的，只在局部地区存在，更多地区是不存在的，而且仅是由原先的农村信用社改造得来，所以其影响仅仅是局部的。而小额贷款公司、村镇银行及资金互助社这三种新型农村金融机构也是从2005年年末才开始陆续试点的，虽然在运行初期具有一定的效果，但是造成的影响同样仅是在试点地区的。事实上，长期以来，中国农村正规金融机构的体系依然只有农业银行、农业发展银行与农村信用社三大金融机构，而真正能够发挥自身作用力度的仍然是农村信用社。

在当前中国的正规农村金融机构中，农业银行是我国最大的涉农商业银行，是农村金融的重要力量。改革开放以后，农村金融体制也在不断改革，市场经济和商品经济的成分在加大，农村商品流通得到了农业银行的大力支持，也促进了市场的繁荣发展，因此在金融业中农业银行的特征更为突出。然而此时的农业银行也有缺憾，它的盈利性和制度性功能自相冲突很严重。1994年，作为农业政策性银行的中国农业发展银行诞生。

而农村信用社则是最基层的农村金融组织，而且是直接面对需求主体的。随着国有商业银行从农村地区的战略退却，农村信用社的发展已经在农村金融体系中有着很重要的位置。数据显示，1999—2005年，农村信用社在农村的贷款占农村金融机构农村贷款的比重一直在65%以上。而2007年农村信用社的农业贷款余额也接近1.5万亿元人民币，在全国的正规金融机构农业贷款中所占的比例由1979年的26%提高到93%。2008年年末，农信社贷款余额占金融机构贷款总额的12.3%；农村信用社农业贷款余额1.7万亿元，占其各项贷款的比例为46%，农信社在农村金融体系中一枝独秀，已成为我国农业贷款的主要金融机构。但是，解决"三农"资金短缺问题，需要不同类金融机构，而不是农村信用社一家主体。不过，由于信用社产权不明晰、法人治理结构不完善、经营机制不活，出现了诸多问题。这样伴随着农村信用社股份制改革进程的推进，部分农村信用社开始实行股份制改制，成立新的农村商业银行，这样有利于解决产权分散、内部人控制、内控管理薄弱、公司治理不够好等问题，有利于真正形成"自主经营、自担风险、自负盈亏、自我约束"的良性运行机制。但是，这种改制是否会导致农村信用社脱离

"草根金融"的属性，还有待于进一步观察。

目前从农村金融基本内容看，我国的农村正规金融体系中商业性金融、政策性金融、合作性金融都已具备，彼此分工合作。随着我国新型农村金融机构系统的发展，一些新型农村机构，主要是农村资金互助社和村镇银行，正在逐渐发展之中，这对构建我国产权多元、竞争充分的农村金融体系必将会起到积极的作用（见图 5-4）。

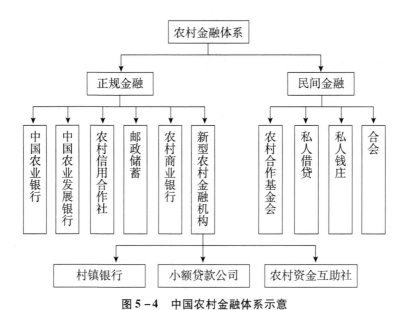

图 5-4　中国农村金融体系示意

5.3.3　发展农村新型金融机构

解决农民增收问题是当前中国经济中统筹城乡发展的重要内容，从而实现城乡良性互动，以逐步削弱城乡的二元经济结构问题。这就需要加快农村地区的经济发展，特别是农村地区中小企业的发展。而若想实现农村地区经济快速发展，关键问题又在于改善农村企业融资环境，在金融政策方面给予农村地区中小金融机构以发展的政策鼓励，从而使其能为城乡经济的良性发展提供足够的金融资产。所以，除了现有的农村金融机构需要创新农村金融产品以及金融服务之外，还需加大对农村信贷资金的支持，拓宽农村经济发展的渠道，需要培养专门适合农村发展的中小农村金融机构，尤其是农村地区中小银行及农村区域内的金融公司，从而能够从外部环境方面为农村经营主体的融资创造良性的环境（张迎春，2004）。

农村金融改革应在我国金融改革的整体框架下进行。由于中小金融机构在农村劳动力转移、农村产业结构调整和农村社会保障体系中地位重要，因此大力发展中小金融机构对我国农村经济发展有着重要意义。对于农村金融的发展，需要进行金融制度的安排与创新，也就是需要在现有的以国有商业银行、农村信用社与邮政储蓄为主的金融渠道之外继续重视并进行部分中小型的金融机构的发展与创新（林毅夫，2004）。由于农业生产具有生产周期较长、产品收益率波动大以及资金需求非常零散的特征，所以普通的银行（如商业银行）就不会有强烈的动力进入农村金融市场。另外，由于农村信用社对于农业的投入相对较弱，农业发展银行主要是为粮、棉、油等大额收购项目提供贷款，邮政储蓄又是只存不贷，从而就使得一方面农村资金外流，而另一方面农村中小企业以及农村人口的生产资金需求也得不到满足。想要改变当前农村金融中存在的这种问题，就必须构建农村金融中的多层次、广覆盖以及可持续的金融体系，一方面需要扶持农村的村镇银行、小额贷款公司、资金互助社以及粮食基金会等农村新型金融组织的发展；另一方面还需要进一步地深化农村的金融制度改革（郑骏川，2012）。

2006年12月，银监会出台了《关于调整放宽农村地区银行业金融机构准入政策更好支持社会主义新农村建设的若干意见》（以下简称《意见》），允许农村地区的农民和农村小企业发起设立"为入股社员服务、实行社员民主管理"的社区性信用合作组织，即农村资金互助社。自2007年开始，包括村镇银行、小额贷款公司以及资金互助社在内的三类新型农村金融组织已经开始在四川、内蒙古、甘肃、贵州、山西等中西部省市地区集中试点，而且目前已取得了一定成绩。农民资金互助组织在我国基层农村由来已久，但是一直处于非正规状态，这次《意见》使农村资金互助社获得了合法身份。随后银监会又出台了《农村资金互助社管理暂行规定》，公布了《农村资金互助社示范章程》，指导农村资金互助社走向规范化道路。对于银行业的重组与兼并也给予了宽松的政策，并鼓励开设分支机构到偏远的农村地带。在农村地区设立农村资金互助社、村镇银行和小额贷款公司这三类新型金融机构，对激活农村金融市场、完善农村金融体系和改进农村金融服将产生深远影响。

5.4 本章小结

农村金融组织是在农村金融市场的大环境下发展出来的，本章首先分析了中国农村金融制度以及农村金融组织的具体演进状况，其后对中国农村金融市场的供需结构进行了分析，最后分析了中国农村金融组织的发展现状，研究发现：

（1）从中国农村金融制度及农村金融组织的演进来看，主要分为三个阶段，即农村金融制度初创探索阶段、调整发展阶段以及深化改革阶段。

（2）从中国农村金融市场的供需状况来看，中国农村金融的资金供求缺口不断放大，供求矛盾日益突出，农村金融的需求处于抑制状态，而农村金融同样存在严重的供给不足，其中农民贷款难的主要原因在于贷款利息高、贷款结构不合理、缺乏专业人才以及贷款手续繁多，所以农村金融的"供给领先"与"需求追随"需要根据实际情况来确定。

（3）从中国农村金融组织的发展现状来看，一方面当前农村金融供给严重落后于城市金融供给，农村金融与城市金融差距进一步扩大；另一方面我国的农村正规金融体系中商业性金融、政策性金融、合作性金融都已具备，彼此分工合作，而新型农村金融机构也已经开始发挥作用。

6 中国农村新型金融组织的主体分析

在中国的金融历史发展过程中,总共出现了三种类型的新型农村金融机构,即村镇银行、小额贷款公司及农村资金互助社。这些新型金融机构进一步丰富完善了我国农村金融组织体系,也激发了我国农村金融体制的机制创新活力,有竞争又有合作的中国农村金融市场才逐步形成。因此,本章将分别对三种不同类型的农村新型金融组织进行分析。

6.1 村镇银行

与普通商业银行相比,村镇银行是一个较新的概念,这是因为商业银行是专门为农民、农业生产以及农村经济提供专门金融服务的一种金融机构,而村镇银行则是深化中国农村金融机构改革的创新之举,也是中国金融机构体系中的一个新角色。村镇银行主要具有支持当地农村经济发展以及农村人口金融服务的功能,打破了以往农村中只有农村信用社和邮政储蓄两种金融主体的现状,使得农村金融体系能够逐渐地满足农村经济的发展。所以,建设村镇银行就成为国家大力推动的目标,而且村镇银行的出现也成为农村金融改革的一个重大突破,标志着中国的农村金融进入了增量改革的新阶段。

发展村镇银行的积极作用主要表现在:首先,有助于打破农村金融市场的垄断局面,突破了农村金融服务低效、品种单一及受惠面狭窄的格局,解决了农村金融市场竞争活力不强的问题,从而有利于竞争性农村金融市场的构建;其次,有助于填补农村金融服务的空白,缓解农村金融"贫血症";最后,从根本上改变了农村金融格局,给予一切"资金血液",支持了社会主义新农村建设。但是,村镇银行在发展过程中存在着的问题也逐步暴露,其中尤以资金来源不足和风险管理方面的缺陷最为明显,如不能及时有效地解决这些问题,将对村镇银行的可持续发展带来严重影响。

6.1.1 村镇银行的定义与特征

简单地说，村镇银行就是指为当地农村人口或者农村企业提供服务的银行机构，而且区别于普通商业银行的分支机构，村镇银行属于一级法人机构。

具体而言，村镇银行是指经银监会依据相关法律及法规批准，由境内外金融机构、境内非金融机构的企业法人、境内自然人出资，在农村地区设立的，主要为当地农村人口、农业发展以及农村经济发展提供金融服务的银行业金融机构。村镇银行可以经营吸收公众存款，发放短期、中期以及长期贷款，办理国内结算，办理票据承兑与贴现，从事同业拆借，从事银行卡服务，代理发行、代理兑付、承销政府债券，代理首付款项和代理保险业务以及银行业监管机构批准等的其他业务。而且，村镇银行还可以代理政策性银行、商业银行以及保险公司、证券公司等的金融机构业务。

村镇银行属于商业银行的一种，也属于新型农村金融机构，也就是说村镇银行既有一般性商业银行或是一般性企业的特征，也有作为新型农村金融机构的特征。具体而言，村镇银行的特征主要包括：

（1）产权结构特征。村镇银行依然属于股份制商业银行，具有明晰且多元化的产权结构。村镇银行的发起宗旨是鼓励各类社会资本投资到农村地区，以建立为当地农村人口提供金融服务的农村金融机构。对于村镇银行而言，发起人若是境内银行业的金融机构，持股比例要求不能低于20%，而若是其他单一自然人持股比例、单一其他非银行企业法人及其关联方，则合计持股比例不得超过10%。这实际上对村镇银行的设立设定了严格标准，客观上保证了村镇银行股权结构的可控性。

（2）治理结构特征。村镇银行实行的是现代企业制度，公司治理结构灵活。根据因地制宜、运行科学以及治理有效性等相关原则，村镇银行需要建立和设置公司组织架构的科学设置业务流程和具体管理流程，从而能够确保存在银行的高效、安全以及稳健的正常运行。

（3）经营目标特征。村镇银行的服务地区为农村地区，服务目标为农业生产及农村人口，这就意味着存在银行的经营目标应该与一般性商业银行等金融机构不同的，主要的目标为亲农、扶农、帮农以及惠农，而市场定位则是立足农村和服务村镇。

我国的村镇银行就是依据这三个特征构建起来的，其对农村金融发展的积极意义不言而喻。当然村镇银行的发展历史还很短，很多制度还处在探索之中，出现一些问题是不可避免的，这就需要在发展中不断完善。

6.1.2 中国村镇银行的起源与发展

从我国金融体系的结构来看，农村金融历来都是一个较为薄弱的环节。首先，国有商业银行的网点及业务从农村地区的撤并以及贷款权限的上收，导致了农村资金大量流失到城市地区，从而使得农村政策性金融的功能缺失，也使得农业信贷投入的政策优惠也同时失效；其次，农村信用社作为农村金融体系中的主力，由于体制性的弊端从而无法形成经营业务上的规模性以及资金优势，而且由于农村信用社具有一定的垄断性，也影响了农村金融市场中良性的竞争环境，从而减慢了农村金融发展的速度，也造成了农村金融市场中金融供需的严重失衡；最后，随着农村地区金融需求的增多，正规农村金融机构无法满足这种日益增长的金融需求，从而催生了非正规的农村民间金融的发展，而这并非是政府许可的正规途径金融发展。所以，村镇银行的建立，不仅能够为缺乏资金的农村地区提供足够经济发展所需的资本，也改善了农村地区的金融竞争环境，更加可以通过引导民间金融的发展，为农村的经济建设做出足够的贡献。

从2006年年底中国银监会放宽农村地区金融机构的市场准入制度后，截至2009年，已经设立的村镇银行数量达到148家，而根据相关规划，到2011年度我国需要建立的村镇银行数量应该达到1200家，这就意味着2010—2011年需要新增近千家村镇银行。可见，若需要村镇银行的顺利发展，除了农村地区金融环境的客观需求之外，相对完善的法制环境对于推进村镇银行的建立也是必不可少的。

同时，2006年年底中国证监会还发布了《中国银行业监督管理委员会关于调整放宽农村地区银行业金融机构准入政策，更好支持社会主义新农村建设的若干意见》，提出需要积极支持和引导境内外的银行资本、产业资本以及民间资本到农村地区投资、收购以及新设立各类银行业的金融机构，也对包括村镇银行、社区性信用合作组织以及小额贷款公司等的一些金融机构的设立方式、投资主体以及股权分配等内容进行了严格的规定。2007年1月，银监会单独发布了《村镇银行管理暂行规定》，更加详细地规定了村镇银行设立的条件以及村镇银行的经营治理和相应的监管规定等内容。进一步，银监会再次发布了《村镇银行组建审批工作指引》，为设立村镇银行的具体筹建程序以及一些更加详细的事宜进行了说明。可见，相关政策性规定对村镇银行的设立提供了良好的政策环境。

截至2012年6月30日，全国建立了1101家村镇银行，若剔除部分村镇银行设立的分支机构，则实际的村镇银行数量为731家，也就是说虽然村镇银行的实际数量离规划数量还有一定的差距，但是发展速度也已经很快了。村镇银行的建立，不仅是农村金融环境的客观需求，也是完善的法制条件的结果。2009年8月，为了进一步科学地规划村镇银行的发展，银监会进一步引发了《新型农村金融机构2009—2011年总体工作安排》，提出需要扩大村镇银行的开放度，争取村镇银行的试点范围需要覆盖到大部分县级农村地区以下，股利向金融网点覆盖率较低的农村地区倾斜，并且在做好风险防范的前提下增加村镇银行的试点机构数量，从而进一步地促进村镇银行的全面覆盖。而2010年的中央一号文件也提出了需要健全强民惠农的政策体系，要求加强更多资金向"三农"产业的流转。这些相关政策的出台，为村镇银行的发展奠定了良好的基础，促进了村镇银行向新型农村金融机构生力军的道路上迈进。

6.1.3 中国村镇银行发展中存在的问题

村镇银行的发展还未有足够的现成经验可以借鉴，必然会面临很多的制约因素，从而村镇银行在发出过程中也就面临一些亟待解决的问题。

（1）村镇银行为农村金融市场服务的功能尚未发挥。村镇银行的本质依然属于"银行业金融机构"，是独立的企业法人，所以其经营原则是安全性、流动性以及效益性，自主经营、自担风险、自负盈亏。由于村镇银行在农村地区设立，服务对象为农村人口，其主要目标是为当地农村人口、农业生产以及农村经济发展提供足够的金融服务，但是农业生产却具有投资周期时间长、盈利能力局限性以及风险抵御能力差的弱点，这就在客观上造成了村镇银行为了追求利润而日益偏离服务"三农"和支持新农村建设的经营宗旨，也会使得村镇银行服务农村金融的理念打了折扣。从已成立的村镇银行的经验状况来看，大多数村镇银行的总部依然在试点地区中心，这是因为这些地区的金融环境较好，交通也较为便利，经济发展将对纯农村地区的条件更好，也就是说村镇银行的设立并没有完全深入农村地区，尤其是贫困的农村地区，使得村镇银行反而呈现出了"冠名村镇，身处县城"的地理格局。所以，如何在服务三农的政策目标基础上，使村镇银行真正为农村服务，实现村镇银行的可持续发展就是亟待解决的重要问题。

（2）农村居民存贷差扩大，流动性风险加大。村镇银行等农村银行业金融机构的服务对象是当地农村人口或农村企业，最大特点就是贷款抵押物品缺乏，再加上贷款零星、分散，所以放贷成本相对较高，这就需要相对较高的贷款利率来覆盖风险和补偿其经营成本；若是贷款利率过低，村镇银行规模太小，就可能会出现难以维持的局面。另外，由于村镇银行属于新兴的银行，社会公信力差，社会认知度低，吸储能力很低，加之网点少，缺乏现代银行的经营手段和技术，因此普遍缺乏存款吸引力，这在很大程度上限制了其服务"三农"的功能的发挥。与"吸存难"形成鲜明对照的是，村镇银行在贷款上颇具优势，由于村镇银行是县域内独立的法人机构，决策流程短，贷款手续简单，这对县域内的小型企业、个体工商户具有较强吸引力，客观上背离了服务基层农户的宗旨。

（3）控股模式单一导致各方利益主体动力不足。国家对村镇银行产权结构的安排是，要求最大股东或唯一大股东必须是银行业的金融机构，而且持股比例不能低于20%，而大银行在发起设立村镇银行时，一般的要求则都是必须持有50%以上的股份，也就是需要处于绝对控股股东地位。由于村镇银行投资回报周期长，盈利能力有限，大银行参与设立村镇银行的积极性也不高。另外，由于无法控股，民营资本参与村镇银行建设的积极性也不高，对村镇银行的建立十分不利。表6-1表现出我国部分村镇银行的资本金额与股权结构状况。

表6-1 我国部分村镇银行的资本金额与股权结构

村镇银行（地址、名称）	成立日期	注册资本（万元）	股权结构	
			主发起人（注资规模，比例）	其他发起人（注资规模，比例）
仪陇惠民村镇银行（四川仪陇县金城镇）	2007.3.1	200	南充市商业银行（100万元，50%）	明宇集团等5家公司（各20万元，各10%）

续 表

村镇银行 （地址、名称）	成立 日期	注册资本 （万元）	股权结构	
			主发起人 （注资规模，比例）	其他发起人 （注资规模，比例）
东丰诚信村镇银行 （吉林辽源市东丰县）	2007.3.1	2000	辽源市城市信用社 （750万元，37.5%）	3家企业法人 （600万元，30%） 6名自然人 （650万元，32.5%）
大通国开村镇银行 （青海大通县）	2007.10.19	2245	国开行青海分行 （1100万元，49%）	西宁市商业银行 （460万元，20.5%） 其他4家法人 （685万元，30.5%）
曾都汇丰村镇银行 （湖北随州市）	2007.12.13	1000	香港上海汇丰银行 （1000万元，100%）	无
长兴联合村镇银行 （浙江长兴县）	2008.5.27	20000	杭州联合银行 （8000万元，40%）	15户长兴企业 （8000万元，40%） 9户杭州企业 （4000万元，20%）
象山国民村镇银行 （浙江象山县）	2008.5.30	8000	瑾州农村合作银行 （2880万元，36%）	象山农信社等8企业 （4960万元，62%） 一户自然人 （160万元，2%）

资料来源：根据各村镇银行公开发布的信息和课题组实地调研资料整理。

（4）村镇银行结算系统孤立，信息不畅通。部分村镇银行至今并没有单独的行名行号，所以无法加入人民银行的大小额实时支付系统，只能进行资金的手工清算，汇划到账速度较慢，不能满足客户快速及便捷的服务要求，而且容易出现差错事故。由于村镇银行通常只会在县城设立一个孤零零的网点，仅有少数地区开设一两个支行，所以村民存款及取款都必须要到这个单一的网点来，这会让客户感到不便，从而导致缺乏对绝大多数农村居民的吸引力。另外，任何一笔从外地汇入的款项都是跨行跨区，汇费昂贵，加之在乡镇没有网点，取款不方便，外出务工的农民工一般不会选择村镇银行作为汇入行，村镇银行在汇兑业务上竞争不过农行、邮储银行及农村信用社。很多农村地区是典型的"打工经济"，外出务工收入是当地经济的支柱，村镇银行失掉这笔业务，也就失去了大部分存款来源。此外，村镇银行的通存通兑没有开通、银行卡业务缺失、汇路不畅也是一个大问题。

6.1.4 中国村镇银行发展的对策

（1）发展村镇银行要正确处理政府与市场的关系。一方面，需要减少政府的不当干预，也就是说要给予村镇银行一个市场化的、充分竞争的发展环境，最大限度减少政府的不当干预，地方政府和监管部门应加大引导和扶持力度，合理分配贷款去向；另一方面，由于村镇银行产生的根源在于国家对农村经济的支持，从而各地方政策应给予村镇银行一定的政策优惠，给予村镇银行在减免所得税及营业税等方面的各项优惠政策，尤其是对于支持农村经济，特别是贫困地区农村经济的村镇银行，更应该给予财政补贴或是财政性存款优先权等，从而激励村镇银行能够持续地对"三农"资金进行投入。所以，对于监管部门而言，应将村镇银行的支农情况纳入考核体系，引导村镇银行业务向农业领域倾斜，重点改善支农服务，从而支持新农村的建设。

（2）拓宽村镇银行的融资渠道，加大吸收储蓄的力度。第一，村镇银行应进行广泛宣传，利用各类新闻类媒体，包括纸质媒体及电视媒体等，广泛宣传村镇银行的服务宗旨以及服务特点，从而提高社会对于村镇银行的认知度，尤其是在农村地区的认知度，进而增强公众对于存在银行贷款的信息；第二，村镇银行应该积极开发更多的融资渠道，如发行债券及发行票据等融资渠道；第三，村镇银行应制定长远的发展规划，而不能仅关注眼前利益，也就是说村镇银行应逐渐扩大自身规模，增加网点数量，尤其是贫困农村地区的网点数量，从而加快村镇银行的基础设施建设，以优质的服务吸引客户将闲散资金投入到村镇银行中。

（3）完善村镇银行的股权结构。在我国村镇银行的发展过程中需要更具有建设性和前瞻性，对村镇银行的股权结构不应过于谨慎，应扩大民间资本股东，推动村镇银行的股权多元化。而过于狭隘的股权结构，则容易把村镇银行建成商业银行的分支机构，从而失去建设发展村镇银行的最初意义。

（4）发展村镇银行要因地制宜。农村金融业务具有较高的风险，再加之我国区域经济发展的差距较大，因此需要因地制宜地制定不同地区村镇银行的发展策略，而且要对不同的村镇银行进行分类指导，坚持产权制度模式的

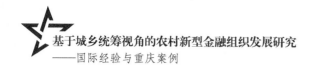

多元化和组织形式的多样化，这才是村镇银行发展的基本原则。

（5）加强对村镇银行的监督管理。金融监管部门应在合理的条件下严格控制村镇银行的市场准入条件（当然，这并不意味着要提高村镇银行的市场准入条件），严格审查股东的背景与成分，建立健全村镇银行的监管指标体系，尤其是需要加强监管村镇银行的贷款走向，对偏离"三农"的市场定位及时纠正。

因此，发展村镇银行，首先要建立科学合理的村镇银行制度，包括严格的准入制度、明晰的产权制度、谨慎的运营监管制度、充分的信息披露制度以及建立危机及时处置机制，另外，还需要在产品创新、业务拓展以及市场定位等方面做足功课，以实现村镇银行的可持续发展，保证村镇银行为实现"三农"的目标服务。

6.2 小额贷款公司

6.2.1 小额信贷的范畴界定

小额信贷（microcredit），一般是指小额信贷机构通过向低收入客户、个体经营者和小企业主提供的相应金融服务（主要是指信贷及储蓄服务，也包括保险及支付服务等内容）和社会服务等，借以帮助贫困者增加收入及摆脱贫困的活动。理论界对小额信贷的范畴界定尚无定论，其中杜晓山（2003）认为，小额信贷是在一定区域内，在特殊的制度安排下，按特定目标向贫困人口直接提供贷款资金及综合技术服务的一种特殊的信贷方式。而国际学术界的主流观点也认为，小额信贷专门向中低收入阶层提供小额度的持续性的贷款活动，为生活在贫困中的穷人提供储蓄和贷款等基本的金融服务，以帮助他们积累财富，增加消费以及规避风险等内容。

小额信贷是战胜贫困的一种有效工具，其业务范围应涵盖存贷款及保险等综合性的金融服务，这样就有利于帮助低收入群体增加自身的财富，提高综合收入水平以及增加财富资产并增强抵御风险的能力。自 20 世纪 70 年代以来，大小不一的小额信贷活动已经在亚非拉地区及北美等地区迅速地发展起来。当然从实践经验来看，国内外小额信贷的服务对象、组织形式、发展路径和运作机制等都不尽相同。

6.2.2 小额信贷的组织形式与模式

当前，国内开展的小额信贷主要包括三种组织形式：第一种组织形式是依靠国际组织援助的非政府形式的小额信贷机构，或是国内公益组织开办的小额信贷项目，这种组织形式具有明确的社会发展目标（尤其是强调扶贫的目标），但缺点就是规模相对较小，并没有合法的信贷经营权，也就没有持续的资金来源和专业的管理人员，因此该类小额信贷机构的经营状况并不是很理想，其市场占有份额也较小，约为 10 亿元人民币；第二种组织形式是正规金融机构开办的小额信贷业务，例如，信用社的小额信用贷款和农户联合贷款、城市商业银行与政府合作的担保贷款等组织形式，从资金量的状况来看，该类属于小额信贷业务的主体，但是却缺少有效的扶贫机制，主要是依靠政府提供补贴或担保来推动开展业务的，虽然该类组织在服务广度方面具有一定规模，但扶贫深度以及财务自负盈亏方面却存在一些问题；第三种组织形式则是商业性的小额贷款公司，与其他金融部门相比，小额贷款公司具有地缘与人缘的客户信息优势，能够在一定程度上解决信息不对称的问题，而且借贷条件灵活，适合个体经济和小规模农业经营的金融服务需求，有利于打破农村金融市场的垄断格局，改善农村金融生态恶化的现状，促进农村经济的良性发展。

小额信贷的主要模式包括两种，即福利主义小额信贷模式与制度主义小额信贷模式，而具体的差异表现如表 6-2 所示。从扶贫济困的理想到金融普惠制机构的相应设计，最初的小额信贷是从非政府组织发展社会以及消除相应贫困开始的，希望通过对贫困人口提供额度低的金融服务以及其他的非金融社会服务（包括技术培训、教育及医疗等），达到实现经济增长和减少贫困的目标。这些小额信贷组织主要包括孟加拉的乡村银行（Grameen Bank）、拉美的行动国际（Accion International）和印度的自我就业妇女协会（SEWA）银行。而以反贫困及促发展为基本宗旨的小额信贷业务起源于 20 世纪 70 年代的孟加拉，发起人是穆罕默德·尤努斯（Muhammad Yunus），他创办的是格莱珉银行（Grameen Bank）的小额信贷模式。2006 年，沃顿管理学院教授凯斯·魏格特（Keith Weigelt）称，全球 500 家小额信贷机构向约 3000 万名微型企业主发放了 70 亿美元贷款，但能用小额贷款开始创业来获益的人群可能有 3 亿，而迄今为止，多数小额信贷机构的资金来源都是政府补贴或是个人与基金的捐赠。但是，小额信贷的这种完全以扶贫济困为目标的组织模式，使其在发展过程中面临可持续的问题，因为这种非政府组织（NGO）的资金来源主要是依靠捐赠以及政府支持，导致这种资金来源会不稳定，而且也不可持续，也就造成了小额信贷的福利目标难以实现。而制度主义商业化的模式则强调信贷应遵循商业化市场化规律，其差异在于利率和商业目标的可持续性。

表 6 - 2　　　　　　福利主义小额信贷与制度主义小额信贷差异

	传统模式（福利主义）	商业化模式（制度主义）
问题界定	解决金融市场失灵	解决信息不对称和交易成本过高
解决途径	低利率贷款帮助穷人	为急需贷款的需求者提供资金
服务对象	受益者	被视为客户
制定标准	严格的可贷款标准	根据需求制定标准
金融产品	贷款、扶贫服务	全面金融服务
可持续性	非持续性	盈利性、商业性

6.2.3　小额贷款公司的定义

简单地说，小额贷款公司是由自然人、企业法人或社会组织投资设立的，不吸收公众存款，而经营小额信贷业务的有限责任公司或是股份制有限公司。

具体而言，小额贷款公司是企业法人，具有独立的法人财产，同时也享有法人的财产权，以全部财产对其债务承担民事责任。小额贷款公司的股东需要依法享有资产收益、参与公司的重大决策以及选择管理层等权利，是以其认缴的出资额度或认购的股份对公司承担相应的责任。与商业银行相比，小额贷款公司更为便捷迅速，适合中小企业以及个体工商户的资金需求，而与民间借贷相比，小额贷款公司则更加规范，其中贷款利息是可以借贷双方协商的。

6.2.4　中国小额贷款公司发展中存在的问题

小额贷款公司的贷款对象分布具有侧重点，但是基本上以农村人口、小微企业以及私营个体户为主要目标，贷款形式也是以信用贷款、担保贷款以及抵押贷款为主要形式。

由于中国农村金融市场以及农村经济发展的需要，中国小额贷款公司在成立之后纷纷增长扩股，使得小额贷款公司的经营规模不断扩大，而且盈利能力也显著提高。2005 年我国小额贷款公司试点工作开始启动，民间融资相对活跃的山西、陕西、四川、贵州、内蒙古五省（区）被确定为试点地区。2008 年 5 月，银监会和人民银行联合下发关于小额贷款公司试点的指导意见，进一步扩大了小额贷款公司的试点范围。2009 年银监会则发布了《小额贷款公司改制设立村镇银行暂行规定》，为小额贷款公司的未来发展确定了明确的方向。2009 年以来，小额贷款公司的发展势头更加迅猛，各省市相继出台了关于开展小额贷款公司试点工作的具体实施意见和暂行的管理方案，从而使得小额贷款公司的发展速度明显上升。截至 2011 年年末，全国共有小额贷款公司 4282 家，贷款余额 3915 亿元（见图 6 - 1）。值得一提的是，因为内蒙古的政策倾斜，内蒙古小额贷款公司数量全国最高，2010 年已达 286 家，几乎占全国小额贷款机构的 1/10。小额贷款公司从 2005 年试点以来，一定程度上提高了对农村居民和农业企业资金需求的供给能力，并发挥了很大的作用，部分省区，如河北、浙江、山西等进展最快。

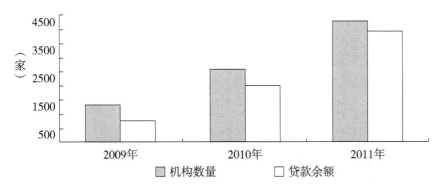

图 6 - 1 全国小额贷款公司成立数量及发放贷款数量余额增长情况
资料来源：中国统计年鉴。

从小额贷款公司的实践效果来看，小额贷款公司的出现在一定程度上有利于塑造多元化的农村金融供给主体，以缓解农村金融市场供给不足的问题，从而通过市场竞争主体的多元化为农村人口提供更加良好的金融服务。而从农村金融市场的创新视角来看，一方面，小额贷款公司是社会资本进入金融领域的一个尝试和探索，蕴藏于民间的大量闲置资本被合法途径吸收，而使得"地下金融"的生存空间被压缩；另一方面，还可以承接传统产业转型中退出的民间资本，为民间资本向正规金融资本转化提供现实路径。

从当前的实际状况来看，中国小额贷款公司的发展还存在一些现实的问题：

（1）信贷技术匮乏的问题。中国农村金融市场之所以存在长期发展滞后的问题，主要原因在于农村金融市场缺乏足够的商业银行信贷技术支持。从小额贷款公司的实际运作状况来看，产品结构依然沿袭了传统商业银行的经营模式，也就是依然是采用担保及抵押等贷款模式，而这却是农村信用贷款中存在的软肋。然而，从目前的状况来看，国内大部分小额贷款公司都在农村金融市场的金融开发方面落后于国际上的同类机构，而且还落后于国内其他类型的金融机构。

（2）风险控制意识和能力薄弱的问题。在实际的运作过程中，小额贷款公司的治理结构普遍存在欠缺，决策程序、信贷管理以及内部审计制度都存在很多缺陷，尤其是部分试点公司的贷款服务过于集中，与小额贷款公司的设计初衷存在背离。而且更深入的问题是，部分小额贷款公司在无法通过银行获得融资的情况下，违规发放委托贷款，系统风险不断加剧，这也严重偏离了小额贷款公司的发展方向。

（3）高利率引发的"挤出效应"和可持续问题。由于贷款利率的上限是基本放宽的，从而贷款公司可以在基准利率的4倍范围内与资金要求方自由协商利率，因而小额贷款公司的利率定价具有较大空间。总体来看，小额贷款公司的利率区间分布较广，平均利率水平总体上要高于同期金融机构的贷款利率，并有向民间有息贷款利率看齐的趋势，但某些涉农特征明显的小额贷款公司在政策引导下对"三农"贷款给予一定优惠，这些公司的农业及养殖业贷款的利率却会明显地低于工商业、运输业和服务业这些行业的贷款利率，其贷款期限也是明显偏好于短期贷款。当大量农村新型金融机构涌入农村金融市场并不加区分地采取超高利率策略时，就会导致两个结果：一是高利率挤出无法满足收益率要求的"三农"投资，二是超高利率进一步挤出正常投资者，导致整个市场的高风险投资者聚集，金融机构的风险随之增大。农业是弱质性产业，显然无法承担如此高的利率负担，普遍存在的超高农贷利率对农户和金融机构双方而言都是难以持续的。在现实状况中，很多小额贷款公司是将贷款对象锁定为当地的小微企业、个体工商户以及包括公务人员在内的工薪阶层，而并非是真正需要贷款的农村人口。预算、高利率的问题显然地挤出了收益率偏低的农业资金投放。实际上，高利率的问题不仅引发了对"三农"投资的这种"挤出效应"，还会反向地影响小额贷款公司自身的可持续发展的问题。也就是说，畸高的利率在一定程度上带来了逆向选择和道德风险，小额贷款公司面临的客户群一般是不符合正规金融机构贷款资格的贷款人，这意味着信贷市场风险将处于高风险状态，无法掌控。

6.2.5 中国小额贷款公司发展的对策

（1）坚持小额贷款公司的自主创新能力，提高公司的盈利能力。小额贷款公司应该根据客户群体的需求特征，保持其适应以及应付内外部环境变化的能力，从而实现小额贷款公司的业务管理创新能力，探索一种适合小额贷款公司的可持续发展的模式。同时，由于小额贷款公司的服务对象为不同的农村地区，而不同的农村地区之间存在很大的差异，所以就需要根据当地农村地区的实际情况，创新发展特色产品，同时开展抵质押贷款和票据贴现等的多项金融产品内容。

（2）加强小额贷款公司的内部控制以及风险控制的能力。对于小额贷款公司的内部控制能力，需要从以下几个方面进行：首先，应培养适合小额贷款公司的专业人才，培养专业人才的道德品质，因为忠诚的员工是小额贷款公司良好内部控制的环境基础；其次，明确划分小额贷款公司中不同部门的职责和权限，从而做到分工明确、权责清晰，形成部门间相互的制约机制；最后，需要建立小额贷款公司中完善的内部审计制度，通过审计委员会以及独立董事制度等选择正确的内部审计人员，同时建立明确的审计形式，并将公司的内部审计结果及时向公司各利益方传递。

而在小额贷款公司的风险控制方面，则需要从这几个方面进行：首先，完善小额贷款公司的资金补偿机制，拓展小额贷款公司的资金补充渠道；其次，开展小额贷款公司与保险公司、担保公司等其他金融机构的合作，开展小额贷款公司与其他农村新型金融组织的合作，从而分担小额贷款公司在经营中出现的贷款风险；最后，将小额贷款公司的贷款决策由经验决策向科学化以及民主化转变。

（3）明确小额贷款公司的身份与地位，基于适度的财政补贴。政府应给予小额贷款公司足够的政策支持，一方面，需要从政策上明确小额贷款公司的身份与地位，当前还有一些地方未将小额贷款公司列入新型农村金融机构的范畴之内，这就导致小额贷款公司未能在一些方面得到相应的优惠，所以需要给予小额贷款公司一个明确的地位；另一方面，需要给予小额贷款公司适度的财政补贴，从而保证小额贷款公司能够具有良性的可持续发展。

（4）完善小额贷款公司的相关法律。对于小额贷款公司的发展，除了相应的政策扶持之外，还需要法律制度对其进行规定，这是因为相对于政策而言，法律是更加规范而且更加正式的一种方式，从而会使得小额贷款公司在发展的过程中能够做到有法可依，也会在出现问题时可以做到有法可循。具体而言，应尽快制定包括《小额信贷法》及《小额贷款公司法》等在内的关于小额贷款公司的法律，从而使得这些法律能够约束小额贷款公司在经营过程中的各项行为，指导小额贷款公司向健康轨道发展。

6.3　农村资金互助社

6.3.1　农村资金互助社的范畴与定义

《农村资金互助社管理暂行规定》对农村资金互助社给出了一个较为明确的定义，即农村资金互助社是指经银行业监督管理机构批准，由乡（镇）、行政村农民和农村小企业自愿入股组成，为社员提供存款、贷款、结算等业务的社区互助性银行业金融机构。从农村资金互助社的概念来看，农村资金互助社是实行社员民主管理，以服务社员为宗旨，谋求社员的共同利益。同时，农村资金互助社的资金主要是用于发放社员贷款的，而且是不能向非社员吸收存款、发放贷款以及办理其他金融业务的，也就是说农村资金互助社是只能为社员服务的，由此可见，农村资金互助社发放贷款是为了满足内部社员的资金需求，收益来源主要是贷款利息和购买的国债和金融债券等低风险债券的利息。

农村资金互助社的基本特征主要包括：

（1）农村资金互助社是纯粹的民间组织。同以往其他金融机构所具有的"官方背景"不同的是，农村资金互助社是纯粹的民间组织，是由农民和农村小企业自愿入股组成的，且在符合一定条件时，社员可以进出自由。并且从成立、融资、营运、信贷、分红到解散，完全由社员自主决策和管理，政府及其他机构除履行审批和监督程序外并不参与其中。

（2）农村资金互助社是为内部社员服务的带有公益性质的金融组织。《农村资金互助社管理暂行规定》中的第一章第三条规定，农村资金互助社实行社员民主管理，以服务社员为宗旨，谋求社员共同利益，这表明了农村资金互助社与其他以盈利为目的的金融机构在经营宗旨上的区别。同时第五章第四十二条规定，农村资金互助社的资金应主要用于发放社员贷款，满足社员贷款需求后确有富余的资金可存放其他银行业金融机构，也可购买国债和金融债券。这说明农村资金互助社发放贷款是为了满足内部社员的资金需求，收益来源主要是贷款利息和购买的国债和金融债券等低风险债券的利息。另外，第五章第四十五条还规定，农村资金互助社不得向非社员吸收存款、发放贷款及办理其他金融业务，不得以该社资产为其他单位或个人提供担保，这也说明农村资金互助社的经营范围仅限于社员内部。

（3）农村资金互助社规模小。农村资金互助社在乡镇或者行政村一级设立，社员为户籍在本乡镇或行政村的居民（或者居住三年以上的常驻居民），且《农村资金互助社管理暂行规定》的第二章第十六条明确规定，农村资金互助社不得设立分支机构，可见发放贷款的范围也仅限于本乡镇或行政村居民。同时，《农村资金互助社管理暂行规定》的第二章第九条第三款规定在乡（镇）设立的，注册资本不低于 30 万元人民币，在行政村设立的，注册资本不低于 10 万元人民币，这为农村资金互助社的设立制定了较低的门槛，这种运营范围的限制和较低的门槛决定了农村资金互助社具有规模小的特点。

（4）农村资金互助社资产风险低。《农村资金互助社管理暂行规定》的第三章第二十条规定，单个农民或单个农村小企业向农村资金互助社入股，其持股比例不得超过农村资金互助社股金总额的 10%，超过 5% 的应经银监管理机构批准。社员入股必须以货币出资，不得以实物、贷款或其他方式入股，这保证了互助社初始资金的真实性。第三章第二十三条也规定，农村资金互助社社员参加社员大会，享有一票基本表决权，出资额较大的社员按照章程规定，可以享有附加表决权。该社的附加表决权总票数，不得超过该社社员基本表决权总票数的 20%，这从程序上避免了互助社管理被少数人操控。

而第四十七条规定，农村资金互助社应审慎经营，严格进行风险管理：①资本充足率不得低于8%；②对单一社员的贷款总额不得超过资本净额的15%；③对单一农村小企业社员及其关联企业社员、单一农民社员及其在同一户口簿上的其他社员贷款总额不得超过资本净额的20%；④对前十大户贷款总额不得超过资本净额的50%；⑤资产损失准备充足率不得低于100%。可见，相关规定对农村资金互助社的经营指标进行了控制，力求尽量减少互助社的经营风险。第五章第四十二条同时规定，农村资金互助社的资金应主要用于发放社员贷款，满足社员贷款需求后确有富余的可存放其他银行业金融机构，也可购买国债和金融债券。这禁止了互助社将资金投入高风险的金融交易，允许其投入低风险的债券买卖，保障了互助社资金的安全性。

（5）农村资金互助社的存贷款利率实行上、下限管理。《中国人民银行、中国银行业监督管理委员会关于村镇银行、贷款公司、农村资金互助社、小额贷款公司有关政策的通知》规定，农村资金互助社存款利率实行上限管理，最高不得超过中国人民银行公布的同期同档次存款基准利率。贷款利率实行下限管理，利率下限为中国人民银行公布的同期同档次贷款基准利率的0.9倍。按照贷款定价原则自主确定贷款利率，并且符合司法部门的相关要求。这表明农村资金互助社的贷款利率上限为中国人民银行公布的同类贷款基准利率的4倍。

6.3.2 农村资金互助社发展的福利经济学分析

根据以上对农村资金互助社特征的总结，本书将基于福利经济学的框架分析探讨农村资金互助社发展缓慢的根源。根据《农村资金互助社管理暂行规定》中农村资金互助社的定义可知，农村资金互助社只向入股的社员提供存贷款服务，其具体的运营机制是通过吸收社员闲置的资金，然后贷放给有资金需求的社员，因此社员所面对的资金供求曲线即为农村资金互助社资金供求曲线。①假设社员的存款主要受利率因素的影响，利率水平越高，社员的存款量越多，即社员资金的供给曲线是斜向上的；②假设社员的贷款需求也主要受利率因素影响，利率水平越高，社员的贷款需求量越少，即社员资金的需求曲线是斜向下的；③假设供给资金的社员为净存款社员，需求资金社员为净贷款社员。基于这些假设，接下来将以农村资金互助社的资金供求状况作为分析的主要内容，考察在不同市场环境下均衡利率变化对社员资金供求双方福利的影响。

首先，假定在一个市场化的金融市场上。由于市场对资源的配置作用，农村资金互助社可以根据社员资金的供求状况，通过调整利率水平使得社员对资金的供求达到平衡，具体如图 6-2 所示。社员资金供给曲线与需求曲线的交点 E，即资金供求均衡点。在 E 点上对应的市场均衡利率为 r_e，均衡的供求量为 Q_e。供给资金的社员获得的福利由三角形 ECr_e 的面积表示，需求资金的社员获得的福利由三角形 EAr_e 的面积表示。

其次，假定在一个受管制的金融市场上。由于金融市场受到管制，因此农村资金互助社无法通过利率水平的调整来平衡社员对资金的供求。假定在此管制金融市场下，市场的均衡点为 E_0 点，具体如图 6-2 所示。此时的管制利率水平为 $r_0(r_0 < r_e)$。在该利率水平下，社员愿意供给的资金量为 Q_1。与市场化的金融市场相比：一方面社员的资金供给量减少了（$Q_e - Q_1$）；另一方面其福利减少到了四边形 $Er_er_0E_0$ 的面积，即管制利率恶化了供给资金社员的福利。对于需求资金的社员来说，资金的需求量从 Q_e 增加到 Q_2，供求资金的缺口为（$Q_2 - Q_1$）。关于管制利率对资金需求社员福利的影响主要从两方面来考虑：一方面均衡利率由 r_e 下降到 r_0，减少了利息的支付，增加了资金需求社员的福利为四边形 $Gr_er_0E_0$ 的面积，以 a 表示；另一方面均衡利率的下降导致社员的超额需求难以得到满足，致使社员的福利损失为三角形 EFG 的面积，以 b 表示。因此，需求资金社员福利的净变化为 $a-b$。当 $a-b>0$ 时，则改善了福利。反之，则恶化了福利。那么资金需求社员的福利是改善还是恶化呢？为了对此作出判断，需要考察当前中国农村地区对资金的现实需求状况。随着中国经济的快速发展，一方面农村地区对资金的需求日益增加；另一方面由于交易成本过高等问题，正规金融机构被迫逐步地退出农村市场。在这两个因素的共同作用下，农村地区资金的供求矛盾日益突出。并且王菁航（2008）的研究也指出农村地区资金供给不足已成为我国解决"三农"问题的瓶颈。因此在此种情形下，需求资金的社员将倾向于支付更高的利率，则 $a-b<0$，即由于利率的管制，需求资金社员的福利也出现了恶化。易小兰和钟甫宁（2011）的研究也表明在金融市场欠发达的地区，利率管制将恶化贷款者的福利。这说明做出该判断是恰当的。因此综合以上的分析可得：管制的金融市场恶化了农村资金互助社社员的福利。

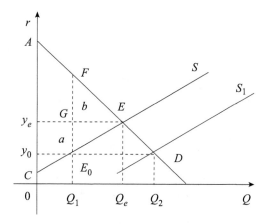

图 6-2 社员福利变化分析

基于以上的分析，本书将探讨近年来导致中国农村资金互助社发展缓慢的主要原因。首先，从资金供给者的角度来分析。根据中国人民银行及中国银监会的相关规定，农村资金互助社除了向社员吸收存款外，不得向其他各方吸收存款，并且农村资金互助社吸收存款的利率与其他金融机构的相同。由于农村资金互助社的经营风险较高，因此社员对其存款需要获得风险溢价，即社员必然要求农村资金互助社的存款利率要高于其他金融机构。由于社员入股了农村资金互助社，可以参与农村资金互助社盈利的分配。因此社员存款需要的风险溢价可以从农村资金互助社的分红得到补偿。从这一点来考虑，农村资金互助社在存款利率上限的管制并不构成其吸收存款的约束。但关键的问题是农村资金互助社的分红能否抵补社员存款的风险溢价呢？这就取决于农村资金互助社的盈利能力。那么当前农村资金互助社的盈利能力如何呢？虽然农村资金互助社能较好地解决对农户贷款的信息不对称问题，从而有效地降低交易成本，但是由于农村资金互助社的社员仅限于本乡镇或行政村的居民，这就决定了农村资金互助社的规模通常较小，因此规模效应难以充分发挥出来；还有《农村资金互助社管理暂行规定》的第五章按照正规金融机构经营管理的相关要求，规定了农村资金互助社的经营管理。例如，基于审慎经营的各项经营管理规定；执行国家有关金融企业的财务制度等。由于农村资金互助社的规模小，要按照正规金融机构的相关规定进行经营管理，必然使得农村资金互助社的日常单位运营成本较高。另外，受贷款利率上限的管制，农村资金互助社的盈利能力很有限。根据邵传林（2010）的调研资料，截至 2009 年 4 月 7 日，我国首家农村资金互助社——吉林省的百信，其盈余仅为 6500 元。并且对青海省称多县清水河镇富民农村资金互助社、甘肃省岷鑫农村资金互助社、内蒙古融达农村资金互助社等试点互助社的实地调研也均表明：这些互助社的盈利状况均较差，有的甚至出现亏损。因此，在农村资金互助社盈利能力不足的情况下，社员要求的风险溢价也必将难以得到补偿，从而恶化了其福利，导致社员将其存款转存至其他正规金融机构，致使农村资金互助社面临资金来源不足的困境。但是《农村资金互助社管理暂行规定》中对农村资金互助社经营管理的规定是保障农村资金互助社持续发展的关键，这样一来，农村资金互助社贷款利率上限的管制，就成了其盈利不足的主要因素。

另外，从资金需求的角度来分析。根据以上对资金需求社员的福利分析，由于贷款利率上限的管制，在资金供给日益匮乏的农村地区，资金需求社员的福利出现恶化，因此，必然导致贷款配给现象的出现，社员对资金产生了超额需求。为了获得有限的资金，社员以加入农村资金互助社为途径，也就是说社员加入农村资金互助社的目的纯粹是为了获得贷款。

综合以上的分析，关于农村资金互助社发展缓慢的机理具体可以总结如图 6-3 所示。图 6-3 表明贷款利率上限受到管制，一方面使得农村资金互助社难以获得足够的分红抵补资金供给社员相应的风险溢价，资金供给社员的福利出现了恶化，导致其进行了存款转移；另一方面由于资金需求社员的福利也发生了恶化，使得社员入会的动机纯粹以资金需求为导向，并没有存款的激励。因此，在资金供求社员双方的福利均恶化的情况下，最终使得农村互助社的资金来源严重不足，从而制约了其发展。由此可以得出，农村资金互助社近年来发展缓慢的主要根源在于贷款利率上限的管制。

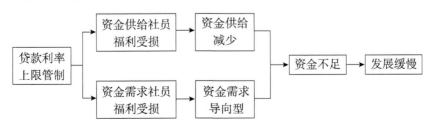

图 6-3　农村资金互助社发展缓慢的机理

6.3.3 中国农村资金互助社发展中存在的问题

（1）规模小及数量少。我国农村资金互助社规模小，能够发放的贷款额度很低，起到的作用也十分有限。截至2011年年底，我国农村资金互助社共成立了50家，其中已开业的有46家，但是这相对于我国33981个乡镇、594658个村民委员会及6.7亿农业人口而言，可以说是沧海一粟，能起到的作用是小之又小。但从单个的农村资金互助社来看，融资渠道和经营范围决定了其规模必然较小。虽然规模小能够让农村资金互助社的设立非常灵活，成本也低，但这也决定了其融资数量少，能够利用的资金必然有限。而且由于商业银行对农村资金互助社的拆借资金存在很多的相应限制（赵小晶等，2009），使其发放贷款的数额非常有限，很容易超过国家规定的存贷比例。例如，中国第一家乡镇级农村资金互助社——兴乐农村资金互助社，就曾经因为发放了42.63万元的贷款，使其存贷款比例高达336%，从而导致兴乐农村资金互助社在开业仅3个月就被上级相关部门叫停（傅航，2007）。可见，当前农村资金互助社这种融资难的问题迄今为止仍未得到妥善解决。

（2）农村人口在加入农村资金互助社的行为存在一定的短期性，导致农村资金互助社的互助性功能明显不足。由于农村人口主动参与互助社的意识并不强，主要靠"能人"带动。大多数农村人口加入互助社的目标并非基于长期的经济合作，其借款也不完全是为了发展农业生产，而仅仅是期望分享扶贫资金的"好处"。而这些农村人口一旦拥有了自有资金，往往就不愿再向互助社借贷。所以，农村人口入社动机和行为的短期化，导致互助社的长期互助合作功能大大减弱。在这种情况下，无论从资金运作来看，还是从组织功能来看，农村资金互助社的长期持续经营都将受到影响。

（3）政府主导的发展模式与"内生金融"的预期目标存在差异。按照正常逻辑，既然是互助合作组织，农村资金互助社主要应该以农户间的自愿互助形式出现，应该具有典型的内生性特征。但由于农户的对外合作意愿处于较低水平，在短期内难以实现自然发育的情况下，靠政府之手的外部推动就成了现实选择。

（4）农村资金互助社的自我管理能力低下，激励约束机制严重缺失。目前试点的农村资金互助组的风险防范制度大都基于"管理者尽职尽责"的基本假定，这既缺乏风险管理细则，也没有相应的惩戒措施和办法，再加上外部监督制度的缺位，导致互助社的风险管理意识淡薄，资金运作具有很强随意性，违规操作和擅自改变借款用途的现象屡见不鲜，安全隐患随处可见，使得部分农村资金互助社存在强烈的吸储冲动。农村资金互助社的管理人员构成、资金实力和风险控制能力，都远未达到管理和运用公众存款的能力，一旦农村资金互助社的存款运用出现问题，就会出现群体事件，造成金融秩序的混乱及地区金融生态环境的破坏。另外，农村人口参与的积极性偏低，由于我国农村属于典型的关系型社会形态，农村人口在需要资金的时候，首先想到的是社会关系，其次才是金融供给，而融资次序则是与农村人口的社会关系的亲疏保持一致（李似鸿，2010）。这个顺序中，金融机构无疑排在后面，因此，农民对参与农村资金互助社等金融机构积极性不高，对传统的以人际关系为基础的农村民间互助形式"钱会"，却一直保持较高热情，尽管"钱会"并非合法的金融组织，而且"会头"卷款逃跑的事情时有发生。

（5）贷款风险高。相对于商业银行，农村资金互助社贷款风险大，而贷款风险主要来自于贷款社员的违约风险：一是缺乏贷款社员的信用记录，农民很少向金融机构贷款，因此没有累积的信用记录可供参考；二是还款能力弱，农民收入渠道少而且收入低，导致还款能力弱；三是抵押品价值低，多数农民能够作为抵押的资产较少，且价值低，变现能力差，甚至有些农民只能通过信用贷款，这就增加了互助社的贷款风险；四是贷款后农民获利能力较低，农业在我国属于低产出的产业，而农业生产就是农民贷款的主要目的，从而使得农民贷款偿还能力也较弱（麻永爱和章也微，2011）。

总体而言，作为探索中的新型农村金融的一种具体形式，农村资金互助社的基本金融性质决定了其服务对象应以农村的低收入群体为主，而目标是通过社员间的互助合作，改善农户的生产经营状况以及促进农户增收。对农村资金互助社的合理定位，应是以地缘地区为纽带，以入社社员为服务对象，以互助资金为手段，帮助农户以发展生产和持续增收来脱贫的一种金融服务方式。作为以互助和合作为基础的金融组织形式，农村资金互助社面临的就是中国农户的社会合作意愿较低的现实制约，所以在短期内寄希望于由农户自发组建互助合作组织这种并不实际的情况下，如何发挥当地政府、社区组织、农户的相对优势，建立一种有效的由政府引导、社区支持以及农户协助的多方联动机制，就是问题的关键。

农村资金互助社本应该成为非常受欢迎且发展前景广阔的农村新型金融组织，但是经过数年的自身发展，农村资金互助社并没有发展壮大，银监会也将扶持农村金融组织的重点放在村镇银行上，农村资金互助社却受到冷落。虽然农村资金互助社具有很多优点，但是上述问题对其发展具有较大的抑制作用，导致了农村资金互助社反而成为三种农村新型金融组织中发展较为缓慢的组织，远远无法满足农村经济发展的现实需要。

6.3.4 阻碍中国农村资金互助社发展的原因

通过对农村资金互助社有关的法规、运行模式以及宏观环境的分析，可以认为造成上述问题的原因主要包括以下几个方面：

（1）农村资金互助社的设立缺乏政府的支持。虽然国家在政策上对农村资金互助社的建立设定了较低的门槛，而且对经营管理也有非常详细的规定，其目的是把分散的农户资金集中起来使用，弥补农村金融供给的不足。但是，作为现代金融组织，其和我国农村经济的发展水平还存在差异，需要政府对有条件的基层乡镇和行政村进行政策引导和具体工作指导，否则很难令其自发地组成真正意义上的农村资金互助社。

（2）农村资金互助社信用较低。虽然很多商业银行退出了农村信贷市场，但仍然有一些商业银行并没有完全退出农村储蓄，对农村储户来说，在同等利率下，当面临农村资金互助社和其他商业银行的时候，必然考虑其信用和服务水平，在这方面农村资金互助社是无法与其他金融机构相比的，这就可能导致储户更愿意将资金储蓄到其他银行，从而影响了农村资金互助社的可用资金数量。

（3）农村资金互助社的盈利能力较差。农村资金互助社的收入来源主要包括贷款利息、购买国债以及其他金融债券的收益。这虽然能够保证农村资金互助社资金的安全，但也使其无法获得更高的风险收益和更大的盈利空间，从而社员通过分红收回股金的时间大大延长。而传统的"钱会"，每一个会期结束之后，虽然会员有利息损失，但每一个会员都能够集中收回本金，因此资金效率是高于互助社的，这就能够解释为什么农民对农村资金互助社的积极性不高了。

（4）农村地区缺乏专业的金融管理人才。金融行业属于知识密集型行业且具有较高的风险性，对有经验的专业从业人员需求量很大。而农村地区在人才方面比较匮乏，这种情况制约了农村新型金融组织的发展，这其中对农村资金互助社的影响最大。农村资金互助社作为纯粹的民间小微组织，盈利能力较差，在吸引人才的条件、培养人才的能力和力度上有很大的不足，这又进一步加剧了农村资金互助社在管理水平和盈利能力上的差距，严重地制约了农村资金互助社的发展。

（5）农民的思想观念需要转变。虽然现代生活方式对农村的影响很大，但是其关系型社会解构的基础并未发生变化。李似鸿（2010）将农民融资分为几个次序，分别为农户自己、血亲、朋友或远亲、当地有往来的商户、本地相对富裕的家庭、当地正规金融机构和高利贷。可以看出，金融机构在农民融资渠道中的次序较为靠后，这固然与我国农村金融发展水平低有关，但更重要的是，千百年来形成的固定思维模式并非一朝一夕能够改变。当前，我国农村的经济社会结构正在发生巨变，这种以亲疏关系的远近决定的信用模式必然会逐渐解体，而通过正规金融机构融资的意识应当加速建立，从而有利于农村新型金融体系的形成。

通过分析可以看出，我国农村资金互助社仍然处于起步阶段。虽然从理论上说有利于集中农民手中的闲散资金，通过信贷解决农民的融资需求，同时经营的红利也有利于增加农民的收入，但是在现实中出现的一些问题，限制了农村资金互助社的发展，使其成为农村新型金融组织中最弱的一环。

6.3.5 中国农村资金互助社发展的对策

（1）政府制定更加有效的政策并加强引导。政府制定相应的政策约束，从而进一步简化农村资金互助社的相应审批手续，甚至可以将农村资金互助社的成立的审批制替换为注册制。地方政府则应对设立农村资金互助社进行指导，帮助有意愿的乡镇和行政村通过审批手续，取得相应的许可资质。

（2）对农村资金互助社的运营适当地在财政上给予一定的支持。在农村资金互助社的启动过程中，单靠农民入股的方式所筹集到的资金可能非常有限，无法满足其周转要求，如果地方政府能够给予一定的财政支持和税收上的减免，有利于其渡过启动的融资难关，迅速走上正轨。

（3）拓宽农村资金互助社的融资渠道，消除向银行拆借资金的壁垒。目前，农村资金互助社面临的最大问题就是融资渠道过窄，导致其可用资金有限。虽然法律允许农村资金互助社向商业银行拆借资金，但是几乎所有的商业银行都对此有所限制。因此，政府应出台政策，禁止商业银行的相关行为，为农村资金互助社获得公平的待遇提供保障。除此之外，有关部门对农村资金互助社在金融交易许可的申请上给予指导，帮助其取得相应的资质，提高盈利能力。

（4）积极引导金融人才到农村金融机构任职并加大对农村金融人才的培养力度。金融人才在农村金融机构中非常紧缺，但是由于收益低及发展前景渺茫，高素质的金融人才缺乏在农村金融机构任职的意愿。因此，有关部门应制定政策鼓励金融人才到农村地区任职，如给予一定的补贴或在升职上进行适当的倾斜。除此之外，还应加大对本地人才的培养力度，有计划地对从业人员进行全面培训，由财政部门提供培训资金。

（5）充分利用各种渠道加强宣传。对有条件的乡镇和行政村，通过宣传使他们对农村资金互助社有更深的认识，从而增强主动设立的愿望；很多农民并不知道从正规金融机构融资的益处，通过宣传使其从思想观念上改变原有认识，从而将中央的惠民政策落到实处。

6.4　本章小结

当前，中国农村新型金融机构主要包括村镇银行、小额贷款公司以及农村资金互助社，这三种农村新型金融机构都属于农村金融组织，但是却有不同的定义、目标、服务对象以及制约条件，因此本章对这三种农村新型金融机构进行了分析，研究发现：

（1）村镇银行。村镇银行是为当地农村人口或者农村企业提供服务的银行机构。在产权结构、治理结构以及经营目标方面具有特殊性，但是当前村镇银行的发展存在功能未能完全发挥、流动性风险大、控股模式单一以及结算系统孤立的问题，因此需要正确处理政府与市场的关系、拓宽融资渠道以加大吸收储蓄的力度、完善股权结构、因地制宜地发展以及加强监督管理。

（2）小额贷款公司。小额贷款公司是由自然人、企业法人或社会组织投资设立的，不吸收公众存款，属于经营小额信贷业务的有限责任公司或股份制有限公司。小额贷款公司存在信贷技术匮乏、风险控制意识和能力薄弱以及高利率引发的"挤出效应"和可持续问题，因此需要坚持小额贷款公司的自主创新能力、加强内部控制和风险控制能力、明确小额贷款公司身份与地位以及完善相关法律。

（3）农村资金互助社。农村资金互助社是经银行业监督管理机构批准，由乡（镇）、行政村农民和农村小企业自愿入股组成，为社员提供存款、贷款、结算等业务的社区互助性银行业金融机构。农村资金互助社具有规模小与运营成本低、资产风险低以及贷款利率与村镇银行相同的特征，存在的问题主要是规模小及数量少、短期性、预期目标差异、自我管理能力低下以及贷款风险高，而存在这些问题的主要原因在于缺乏政府支持、信用较低、盈利能力较差、缺乏专业人员以及思想观念问题，因此需要加强政策引导、给予财政补贴、扩宽融资渠道、加强人才培养以及加强宣传。

7 中国农村金融组织创新的政府行为分析

经过多年的改革与发展，中国目前已具备较完备的农村金融组织体系。然而，在农村金融制度安排上，或许是历史积弊过于沉重而使得中国农村金融制度发展依然迟滞。当前，中国农村金融制度供给体现为政府供给，是政府试图通过农村金融制度安排实现对农村金融资源配置的"帕累托改进"，是原有农村金融增量改革的结果。因此，政府能否选择适宜的制度变迁方式以及政府对制度变迁过程的掌控能力是决定农村金融制度变迁成功与否的重要因素。农村金融组织创新的主体动力，在现行中国体制下，依然离不开政府。因此，本章将探讨在中国农村金融组织创新中的政府的功能定位和行为分析。

7.1 政府行为与农村金融组织发展

7.1.1 "双失灵"下的中国农村金融组织

在探讨农村金融供需失衡的原因时，必须要考察政府与市场的关系。通常认为，由于受到太多因素的干扰，市场会存在失灵的状况，但是政府也同样具有失灵的状况。公共选择学派代表人物布坎南（1993）认为，与市场机制一样，政府行为机制也存在着缺陷，政府优势的充分发挥存在一定的假定前提，即存在着一个信息灵通、高效、理性且没有自身特殊利益的社会代表机关的政府，政府被看作是有能力纠正市场失灵偏差的全能代表机构。诺斯（1994）也提出了"国家悖论"的理论，认为国家的存在和政府的作用存在双面性，既是经济增长的关键因素，又是人为经济衰退的根源。而自由主义学派也指出，市场经济虽然本质上是自由竞争的一种经济模式，但也是建立在契约基础上的一种法治经济模式。也就是说，由于政府需要承担维护社会经济体制、调节宏观经济运行与微观利益结构等的多项任务，所以若是政府这只"看得见的手"去随意地操控市场这只"看不见的手"的时候，即政府过分或者武断地干预了微观经济体的运行，就会导致政府的失灵，也就是会造成不同层级政府职能的不明确以及微观市场机制的扭曲，最终会阻碍经济资源的有效配置。

而在农村金融市场发育的过程中，由于农村金融具有特殊性，农村金融市场具有严重的信息不对称、抵押物缺乏及风险高等特征，从而就会出现农村金融市场自然发育状态下的"市场失灵"和"负外部性"，也就是说单纯地依靠农村金融的自然发展并不合理。这就为政府行为介入农村金融的发展提供了充分依据，而政府行为的介入往往是以正式金融制度取代非正式金融制度，但信息的不对称会导致政府决策失误，从而致使资源配置效率降低，使得农村融资困境恶化，却又带来了"政府失灵"。当前的改革仍然带有明确的政府主导行政干预色彩，如要求新型金融组织的股权结构、限定经营地域和服务对象等，这不可避免地会带来地方政府的过度行政干预。

在推进农村金融机构创新的过程中，政府作用的有效发挥十分必要，但是政府的核心功能不仅仅在于直接参与组建新的金融组织机构。政府行为在经济运行中的干预，能够起到克服市场机制局限性的作用，但是随着经济的成熟以及经济发展的自我调整，政府行为的干预就不能够持续的进行，或者说政府行为对于经济的干预应从直接干预转变为间接干预，从有形干预转变为无形干预（Wade，1990）。农村金融市场的发展证明，政府过度干预的公共金融政策在一定程度上会加剧农村金融抑制，会降低农村金融市场的效率。如新推出的一些农村金融制度还带有浓厚的政府主导色彩，现行的一些新型农村金融机构规定仍然排斥社会资本。这种制度安排客观上限制了民间资本的积极性，影响了金融资源的优化配置。

两大"失灵"使得农村资金的非农化成为常态。市场逻辑是有存在价值的，但同样存在局限性，若是任由农村金融市场完全的自然发育，势必会出现大量的农村资金流出，这是因为非农业项目的收益率往往远高于农业项目，而在自然发展的市场逻辑中，无论市场如何自我纠正，都无法治愈这种农业融资的饥渴症（周立，2007）。所以，将金融资源导入农村低收入人口中，并且保持金融资源的持续供给与自我发展，就成为一个较难以解决的问题，主要是因为金融资源自身的逐利性与农业项目的低收益特征之间的矛盾。而且除了农业项目的低收益率，农村特殊的社会制度与文化差异，也是影响金融资源切实落户到农村中的一个关键影响因素（马勇和陈雨露，2009）。

7.1.2 政府行为与农村金融机构

1. 农村金融机构与政府行为的关系

由于农村金融市场发展的滞后，新型农村金融机构从诞生起就存在先天不足。政府在新型农村金融机构的发展中依然扮演领导角色，而农村金融机构则处于被控制局面，加上政府在农村金融政策上也存在许多失误，导致一些政府建立的金融机构在满足实际市场需求方面并不成功。图 7-1 显示了中国农村金融机构与政府行为的关系。

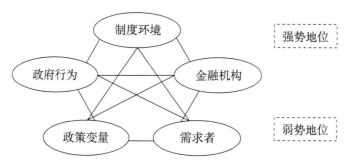

图 7-1　中国农村金融机构与政府行为关系结构

2. 政府行为的影响

政府行为包括中央政府行为与地方政府行为，而中央政府行为与地方政府行为的特征是有差异的，从而对农村金融组织行为也有不同影响。在我国，中央政府代表的是国家利益，而地方政府则受中央政府统一领导，虽然具有自身的权力和利益，但行为依然在很大程度上受到中央政府的限制。因此，中央政府和地方政府行为对农村金融组织发展的影响有所差异。

（1）中央政府行为的影响。根据新制度经济学提出的国家理论，国家制度是一种在某特定区域内对合法使用强制性手段而具有垄断权的制度安排。国家制度的主要功能体现在提供制度和法律，目标是租金最大化和社会产出最大化。在我国，中央政府通过制定法律、修改规则、发布政策和贯彻执行法律、法规以及政策等，对农村金融组织的行为施以影响，以实现一定时期的阶段性目标。在计划经济时期，中央政府为了实现特定的发展目标，将有限的金融资源配置在城市和国有企业，一直对农村金融机构实行抑制政策，整个农村金融生态处于压抑状态。改革开放之后，中央政府对农村金融的控制逐步放松，特别是加快推进新农村建设以来，中央政府不断加大支持农业的力度，对农村金融组织的行为也产生了很大影响。其中一个明显的变化是对利率的控制，长期以来中央政府规定存贷款利率水平，并且将利率水平定在市场均衡利率水平之下，使得利率难以真实反映农村资金的稀缺程度和供求状况，也无法真实反映农村金融市场上的资金成本。利率逐渐市场化后，这种情况有所改善，农村金融市场的活力逐渐显现。另一个明显的变化则是监管方式的变化，计划经济体制下政府金融监管的手段是行政权力，监管的内容是市场准入、具体金融产品的设计、利率水平高低等。金融改革后市场经济体制逐步确立，政府控制金融资源型的监管也逐步向市场防范金融风险型监管转变。

（2）地方政府行为的影响。实行改革后，中央政府实行了放权让利改革，并实施了"分灶吃饭"的财政体制，地方政府有了自身的经济利益和支配资源的经济决策权，利用金融资源推动地方经济发展就具有可能性。地方政府的态度和行为也在很大程度上影响着农村地方非正规金融的存在与发展。虽然中央政府有关政策和相关法律对非正规金融严格禁止，但由于许多农村非正规金融和地方政府有着潜在的利益和关系，因此地方政府对本区域内非正规金融的态度和行为与中央政府往往不一致。中央政府作为国民经济的宏观调控者，必然承担起防范金融风险的重任，自然希望农村金融产业稳步发展，实现统筹城乡经济发展。中央政府的一些金融政策目标是促进农村新型金融机构的发展，但实际执行过程中由于存在复杂的利益关联，有可能会遭遇地方政府的抵制。应该指出，在金融组织发展的博弈中，中央政府会一直处于相对明显的信息劣势位置，并不能真正地从微观层面监管数量庞大的农村金融机构的具体运作行为。而地方政府也由于农村金融机构的管理水平较低、经营风险过高等原因，很少有积极性和动力去促进农村金融机构的发展，更不要说用地方财政的"真金白银"去全力支持农村金融机构的发展。

7.2 转轨时期中国政府的行为模式

7.2.1 政治锦标赛模式

中国的政府结构属于单一制结构，即从中央政府到地方基层政府逐级管辖，最终形成金字塔状的层级体系，在各级官员来源上，也存在直接选举和上级任命的两种形式。然而,虽然直接选举的模式已经在我国的基层政治中实施了一段时间,但从根本上讲,由上级政府直接任命的政府官员选拔制依然是最主要的实施模式(周业安等,2004)。从理论上来说,我国各级政府官员的权力都来源于人民,但实际上,各级政府官员除了对自己管辖范围内的民众负责之外,更加重要的是对上级负责,因为上级直接掌握着下级官员的晋升任用。晋升的标准由上级制定,最重要和最常见的衡量指标是 GDP 增长率,另外,财政收入、维稳、治安、失业等指标也占有非常重要的地位。在这种选拔制的体系中,上级官员需要对下级官员进行深入了解,将掌握的情况作为考核和提升的依据,而下级官员如何将自己的政绩向上级表现,以引起足够的重视,或将错误隐瞒,避免给上级留下负面印象,都是非常重要的事情,因此同级地方政府的官员实质上都处于一种"政治锦标赛"模式中(周黎安,2004)。

改革开放以来的多项事实证明,政治锦标赛在我国的政治模式中是一种较为有效的政府治理模式。陈潭和刘兴云(2011)认为,政治锦标赛是指上级政府对多个下级政府的行政长官设计的一种晋升竞争模式,在这个竞争中,优胜者能够获得晋升的机会,但是具体的竞赛标准却是由上级政府直接制定的,而且在实际的官员晋升运作过程中,依然会存在一些潜规则或派系关系,这些同样会影响地方官员的晋升状况。而周黎安(2008)也发现,在改革开放初期,地方经济发展状况,如 GDP 及财政收入等指标成为衡量地方官员业绩的主要指标,地方经济状况的好坏会影响到地方官员是否能够得到晋升的机会。杨宝剑(2011)也探讨了地方官员晋升的综合利用,认为若是中央政府以经济指标衡量官员能否晋升,那么会造成一种"竞争有余,合作不足"的结果。而周黎安和陶婧(2011)的研究也发现,目前只有政治锦标赛理论能够对这种现象进行解释,这就证明了我国政治锦标赛存在的客观性。

从已有的研究来看,目前政治锦标赛已经成为我国政府管理中重要的模式,有效地促进了我国改革开放以来经济的高速增长。从本质上来说,政治锦标赛属于锦标赛竞争机制的一种,但又具有一定的特殊性。一般的锦标赛机制主要用于研究公司激励政策,通过对员工的工作业绩进行排序,然后根据排序进行奖励。而用于研究官员晋升的政治锦标赛的指标体系则相对复杂得多，除了 GDP 等简便的可衡量指标外，还有人脉、政治考量等很多其他因素同样起到非常重要的作用。如图 7 - 2 所示，政治锦标赛由纵向和横向两条线构成。

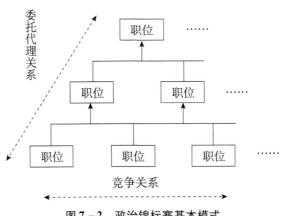

图 7 - 2　政治锦标赛基本模式

中国的政府机构由不同职位组成，大体呈金字塔形状，基层职位较多，而越向上层的职位越少，上一级职位的人员由下一级职位的人员通过竞争晋升。这样，从纵向来看，相邻上下级间存在的是委托代理关系，同一级别间存在的是竞争关系。通常认为，委托代理关系体现在，首先由上级官员作为委托人制定相应指标，由下级官员作为代理人根据相应指标完成任务，过程由上级进行监督，然后根据完成情况确定奖罚。但是，委托代理关系中委托人往往不能直接控制代理人的行为，甚至在大多数时候连对代理人的监管都是较困难的，只能通过制定报酬制度等间接影响代理人的行为。由于监管困难，委托人如何令代理人的行为符合委托意愿，是委托代理关系中委托人所需要处理的核心问题。当委托人设计了激励制度之后，代理人一旦接受，委托人和代理人之间的博弈就开始了。

7.2.2　政治锦标赛中的委托代理关系

在我国的政府管理体系中，相邻两级政府间存在着明显的委托代理关系。各级政府的主要官员实际承担着委托人和代理人的角色。一般来说，委托代理的基本模型如图 7 - 3 的动态博弈树所示。

委托人可以设计一个委托合约，在第一阶段有委托和不委托两种选择，

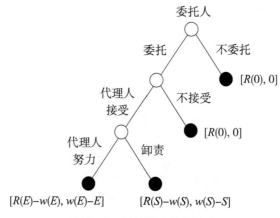

图 7-3 委托代理基本模型

如果选择不委托，那么委托人收益为 $R(0)$，代理人收益为 0。在委托人提供了委托合约后，第二阶段代理人有接受或不接受两种选择，如果代理人选择不接受，则委托人收益为 $R(0)$，代理人收益为 0。如果代理人选择接受，则在第三阶段，代理人有努力和卸责两种选择，如果代理人选择努力，则委托人收益为 $R(E)-w(E)$，代理人收益为 $w(E)-E$。如果代理人选择卸责，则委托人收益为 $R(S)-w(S)$，代理人收益为 $w(S)-S$。其中，w 为委托人向代理人支付的报酬，E 为代理人努力工作的高付出程度，S 为代理人卸责的低付出程度，而 $E>S$。当代理人努力的时候，委托人获得较高的收益 $R(E)$，但同时要支付较高的报酬 $w(E)$，代理人虽然能够获得较高报酬 $w(E)$，但同时要承担努力工作的负效应 $-E$。当代理人选择卸责的时候，委托人获得较低的收益 $R(S)$，但只需要支付较低的报酬 $w(S)$，代理人虽然只能获得较低的报酬 $w(S)$，但同时卸责的负效应 $-S$ 也较低。

上述结构中，如果"委托人委托—代理人接受—代理人努力工作"这条路径是均衡路径并且是有效的话，那么必须满足以下条件：

$$R(E)-w(E)>R(0)$$

$$w(E)-E>w(S)-S$$

因此，委托人设计的委托合约应满足以下不等式：

$$w(E)>w(S)+E-S$$

但是在政治锦标赛模式中，委托代理关系的表现会发生变化。首先，作为委托人的上级不存在委托与否的问题，委托是唯一的选择。同样代理人也

只有唯一的选择，就是接受委托，但在接受委托后，具有的努力和卸责两种
选择不变。其次，报酬结构也不同。若假定同一级别主官的薪酬是相同的，
激励的效果来自于晋升后的更高薪酬、职务消费以及心理的满足感等。这样，
有政治锦标赛的委托代理基本模型就如图7-4所示。

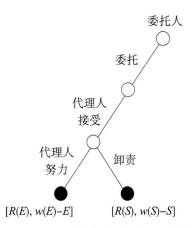

图7-4 有政治锦标赛的委托代理基本模型

委托人第一阶段委托，代理人第二阶段选择接受，然后代理人有两种选
择努力 E 和卸责 S。假定代理人选择努力，那么委托人收益为 $R(E)$，代理
人收益为 $w(E) - E$。假定代理人选择卸责，那么委托人收益为 $R(S)$，代理
人收益为 $w(S) - S$。在这里，假定代理人在某级别的收益为 $\bar{w}$，如果代理人
努力工作，有比较高的晋升概率 P，晋升后收益为 w_h。如果代理人选择卸
责，则有比较低的晋升概率 p，那么代理人选择努力和卸责的收益如下：

$$w(E) - E = Pw_h + (1 - P)\bar{w} - E$$

$$w(S) - S = pw_h + (1 - p)\bar{w} - S$$

因此，作为委托人在机制设计上需要满足以下不等式：

$$w(E) - E > w(S) - S$$

$$Pw_h + (1 - P)\bar{w} - E > pw_h + (1 - p)\bar{w} - S$$

整理后得到：

$$P - p > \frac{E - S}{w_h - \bar{w}}$$

该不等式表明，加强两种措施能够促进代理人更加努力地工作，即：

（1）努力工作获得晋升的概率 P 应当尽量比卸责获得晋升的概率 p 要大，这样才能体现公平，并且对代理人产生更大的激励作用。

（2）增加代理人晋升后的收益 w_h，拉大两个级别的收益差，这样当收益差 $w_h - \bar{w}$ 和努力差 $E - S$ 相比更具有优势时，会对代理人产生更大激励作用。

但是，现实中由于信息问题的存在以及客观条件的差异，代理人的努力成果往往难以预料，而且委托人对代理人的监督也存在很大漏洞，这些情况都是无法避免的，图7-5就说明了存在信息不完美的情况。

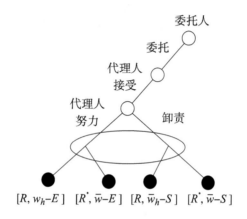

图7-5 信息不完美的政治锦标赛委托代理模型

假定在第三阶段代理人选择高的努力水平，但是存在一些无法控制的原因使得最终的结果存在两种可能：一种是委托人获得高收益 R，另一种则是委托人获得低的收益 R^*。同样，如果代理人选择卸责，那么由于一些运气或机遇的原因，委托人仍然有可能获得高收益 R，其他情况委托人获得低收益 R^*。现在假定存在不完美信息，委托人无法确知代理人的努力水平，因此会选择根据自身收益结果决定委托人报酬，这样代理人除了两种正常情况（因为努力而获得晋升，最终收益为 $w_h - E$，以及因为卸责而无法获得晋升，最终收益为 $\bar{w} - S$）之外，还可能存在代理人虽然付出很大努力，仍无法获得晋升以及有些不努力的代理人却获得了晋升的情况，这是由于信息不完美，无法确知代理人努力水平导致的低效结果。虽然存在一定弊端，但根据委托人最终的收益结果来确定代理人的报酬仍然是最常用的方法。

现实中，政府管理中根据委托人的最终收益结果来确定代理人报酬的方法常常面临非常多的质疑。首先，上级政府的利益往往是多方面的，很难用简单的数字衡量，因此在考虑人员选拔时会受多重因素影响。在中国的政治锦标赛中，GDP 增长率等量化指标虽然非常重要，但由于每个地区自然和发展情况不同，导致过度强调 GDP 增长率反而会造成更多争议。实际上在考虑晋升人选时，如口碑等非量化指标也同样举足轻重。这就造成了政治锦标赛中的指标有时候是模糊不清的，甚至是上级政府自身也难以明晰。其次，中国各级政府实行的是集体决策制，在决定下级晋升人员的时候，通常需要一致通过。在这种情况下，由于指标不能完全量化，决策集体中的每一名成员对晋升候选人员情况的了解会有所不同，这样大部分由主观认知做出的决定，可能会出现偏差。

基于上述原因，政治锦标赛中的委托代理关系实际上是一种更加复杂的既不完美也不完全的信息结构。这种信息结构必然会导致工作业绩指标难以量化以及晋升评价的主观性。对于代理人来说，如果希望顺利晋升，这种信息结构使得各种机会主义行为成为可能。为了更好地进行说明，接下来本书对政治锦标赛的横向竞争结构进行分析。

7.2.3 政治锦标赛中的竞争关系

在政治锦标赛中，除了纵向的委托代理关系之外，随着级别的提高，职位数量也相应减少，以晋升为目的的同级别不同职位间还存在横向竞争关系，这种竞争关系也是所有锦标赛体制的显著特征。

如前文所述，中国政治锦标赛的竞赛指标是非常复杂且难以量化的，很多时候都不明确，因此作为竞赛者必须首先对所有指标进行主观判断，并且进行排序，确定哪些指标是主要指标，哪些是次要指标，然后根据判断结果决定工作重点，以便于投入主要精力和资源。另外，由于决定晋升的因素绝大多数具有主观性，因此作为竞赛者，必须要主动和与决策相关的所有上级领导和部门搞好关系，力争留下良好印象，同时尽量隐瞒自己在工作中的失误。

基于这两点，竞赛者需要对自己手中的资源进行分配，力争达到最大效率。假定 Y 代表竞赛者最终工作成果，在竞赛中，Y 排名前列的将会获得晋升，它是竞赛者所有可量化和非可量化指标的综合体现。令：

$$Y = f(\alpha_1 x_1, \alpha_2 x_2, \cdots, \alpha_n x_x)$$

其中，$x_1, x_2, \cdots, x_n$ 分别为各项竞赛指标，而 $\alpha_1, \alpha_2, \cdots, \alpha_n$ 分别为相应竞赛指标的权重，且满足 $\alpha_1 + \alpha_2 + \cdots + \alpha_n = 1$ 的条件。

上述函数为竞赛者的目标函数。但是，竞赛者手中的资源有限，因此必须要对这些资源进行合理分配。假定对所有指标而言，投入资源越多，指标就越高（对于越低越好的指标，只需要将系数前面的符号取负即可，并不影响结果）。可以看出，将资源投入权重最高的指标中就行。但在现实中，每个指标都会设置最低标准，再假定 $Y = f(g)$ 是线性函数。这样，竞赛者的决策就是如下的规划问题：

$$\max Y = \alpha_1 x_1 + \alpha_2 x_2 + \cdots + \alpha_n x_n$$
$$\text{s. t.} \quad \alpha_1 + \alpha_2 + \cdots + \alpha_n = 1$$
$$x_1 + x_2 + \cdots + x_n = I$$
$$x_1 \geq m_1$$
$$x_2 \geq m_2$$
$$\vdots$$
$$x_n \geq m_n$$

在上面规划中，I 是竞赛者投入的资源总值，第二个限制条件即竞赛者预算约束。m 是每项指标所需最低投入。当所有竞赛者按照上述模型决策后，上级政府将对所有竞赛者的结果排序，按照晋升名额数量取前几名予以晋升。在政治锦标赛的竞争关系中，基本以结果为导向，按照排名晋升，对于没有获得晋升的竞赛者，多数会继续在同级别的岗位上继续服役。由于我国基本实行的是职业官员制度，即便没有晋升，多数官员仍然会恪守职业道德，绝少利用手中权力泄私愤。

通过上述分析，基本可以呈现出政治锦标赛中委托人和代理人（竞赛者）的决策过程。在这个过程中，存在以下一些问题：

（1）和所有锦标赛一样，政治锦标赛同样存在信息问题，而且由于政治的复杂性，信息问题往往影响巨大。一般来说，信息问题包括两类，即逆向选择和道德风险。逆向选择是事前信息问题，在政治锦标赛中，通过隐瞒实际情况向上级争取资金支持或者要求特殊政策降低竞赛指标的事例很常见；道德风险是事后信息问题，如何巧妙地隐瞒自己工作中的失误，是政治锦标赛中占得上风的必修课。其他的诸如对上级阳奉阴违之类的事情更是屡见不鲜。

（2）区域间过度竞争问题。竞争者的同一决策过程会导致对重点指标和权重的一致性判断。这样在采取行动的时候，不同地区的决策者可能将重点资源投入到相似项目中，导致两个相邻或相近地区重复建设，如果多个地区同时做出相同的决策，就可能产生过度竞争。在我国，相同的项目在不同地区"大干快上"的现象非常普遍，很多项目由于过度重复，造成了社会资源的浪费。

（3）忽视群众福祉。政治锦标赛的晋升决策权在上级政府，这就在事实上造成了各级政府对上负责的局面。各级竞赛者在确定主要指标权重时，更多会揣摩上级旨意，而却常常忽略有关群众福祉的指标。尤其是近年来，在GDP导向的氛围中，各地对如何促进经济增长、提高GDP增长率的方法都会绞尽脑汁，却忽略了经济增长的真实目的是为了更好地发展。

（4）各地域间缺乏有效配合。由于竞赛者的目的是为了获得晋升，而晋升名额非常有限，这种同级间的竞争关系使相互之间很难进行有效合作。甚至为了自身的晋级机会而出现拆别人台的恶性竞争行为，从而在竞争中失去团队意识以及忽视整体利益，这就导致地方政府官员会额外重视机会主义行为，使得以邻为壑的地方保护主义现象泛滥，而且地方官员任期的时间界限更是进一步加剧了这些行为的发生（杨宝剑，2011）。

政治锦标赛是当前中国政府管理的主要形式，各级官员在锦标赛模式下需要通过竞争才能获得晋升。竞争的压力迫使各级官员努力采取各项措施，促进地方经济发展，因此政治锦标赛模式对中国的整体经济发展起到了非常关键的作用。

政治锦标赛具有一定的好处，但是政治锦标赛和任何一项制度相同，都不是完美的，运行当中依然存在很多问题，包括信息问题、区域过度竞争问题、忽视群众福祉问题以及各地域缺乏有效配合问题。这些问题都是单一制度所难以避免的，对政府行为产生重要影响。从根本上来说，政治锦标赛所具有的竞争压力，会迫使竞赛者使用最小成本，攫取最大利益，这种动机会对中国的农村金融改革产生深远影响。

7.3 政府行为对农村金融产品的影响机制

7.3.1 中国各类农村金融组织比较

1. 农村信用社（包括农村合作银行）

随着 2002 年四大国有银行退出县域经济，农村信用社成为中国农村地区最主要的金融机构。长期以来，中国四大国有银行规模庞大且实力雄厚，一直在中国城乡地区占有优势地位。但是经营目的和手段都存在一定问题，既不符合中央的农村金融政策，在农村地区也时常亏损，因此在本轮农村金融改革之前，纷纷退出农村金融市场。而之前在四大国有商业银行的阴影下，逐渐有被边缘化趋势的农村信用社，反而成为了农村地区唯一具有实力的金融机构。目前，农村信用社的分支机构基本覆盖了中国的农村地区，承担了绝大多数的农村信贷业务。

中国农村信用社改革从 2003 年开始，四大国有商业银行的退出为其迈出了关键性的一步。在农村金融改革之前，农村信用社和其他国有部门相同，具有浓厚的官办色彩，而且在四大国有商业银行的挤压下，发展受到极大限制。但与此同时，国家对农村信用社经营进行的干预较多，农村信用社成为事实上的官办金融机构，上级有关部门需要对农村信用社主要领导职务的任命和重大发展及改革事宜做出决策。另外，在某种程度上农村信用社还承担了部分政策性银行的角色，但农村信用社规模小而且资金少，这其实已经超出了能力范围。尽管农村信用社的本意是农村合作金融组织，但受市场经济发展及金融市场竞争环境的影响，在"为社员服务"和"追求利润"两者间，农村信用社不得不选择后者。农村信用社从带有公益性质的金融机构转变为具有强烈商业化经营动机的商业银行。由于农村信用社不能为社员提供足够的生产和生活信贷服务，农民对农村信用社的参与积极性不高，申请加入农村信用社的农民数量较少。同时，由于农村信用社面临的竞争压力较大，如何盈利是第一要务，因此为了获得更多利润，农村信用社往往将从农村地区获得的存款，更多向城镇地区投放或存入其他商业银行获利，这样就造成了农村地区发放贷款额度不足，这实际上违背了农村信用社设立的初衷。

　　自从 2003 年国家启动了农村金融改革后，农村信用社的经营发生了很大变化。一方面，上级部门减少了对农村信用社的干预，农村信用社实行了公司化的经营管理；另一方面，农村信用社基本不再采取合作社模式。因此，农村信用社已经基本转变为一般意义上的商业银行。然而，农村信用社在改革以后仍然面临许多突出问题，如以前体制如何转型、如何按照现代银行模式进行经营、如何解决长期积累的债务、如何解决资金不足、如何在农村地区长期发展等问题，这些问题一开始都困扰着转型中的农村信用社。自 20 世纪 50 年代成立农村信用社以来，几十年几经沉浮，计划经济时期不断变换上级主管部门，缺乏长期战略，改革开放以后，又长期生活在四大国有银行的阴影下，经营状况非常困难，大多数农村信用社长期处于亏损状态。在 2003 年改革后，农村信用社划归省级政府管辖，国家为了解决其债务问题，承担了农村信用社的 50% 债务，地方政府则承担另外的 50% 债务。虽然有的地方政府没有履行承诺，资金一直没有到位，但绝大多数农村信用社的债务问题得到了解决，农村信用社获得了轻装上阵的机会。

　　当前，农村信用社面临的普遍问题是信贷资金不足（这不仅是农村信用社所面临的问题，事实上所有农村金融组织都面临着这个问题）。从融资渠道来看，农村信用社的主要资金来源是吸收各种存款，再就是根据政策向中国人民银行申请支农再贷款，除此之外还有同行拆解等来源。由于融资渠道和融资数量有限，农村信用社的信贷资金不足，向农民发放贷款的能力受到限制。相对于当前农村庞大的信贷需求，信贷资金供求缺口较大。由于我国农村居民获得贷款的主要来源为农村信用社，农村信用社发放贷款能力弱，就使得很多急需资金的农民无法获得贷款，从而影响了再生产。而且，农村信用社的运营成本相比在城市中经营的银行要高很多。城市中居民居住集中，经营网点分布也相对集中。城市居民收入较高，储蓄量大，这样城市银行的业务量也较大，运营成本较大。而农村信用社的主要业务所在地的乡镇和农村地区，居住相对较为分散，居民收入低，信贷种类少，农民偿还能力也弱，造成了农村信用社运营成本较高。

　　尽管存在上述一些问题，但是改革后的农村信用社，资产状况得到明显改善，资本充足率和盈利能力都达到了历史最好水平，市场化运作模式也初步建立起来，农村信用社目前是农村地区分布最广、资金最为雄厚、提供信贷数量最大、信用最好的金融组织，为改善农村金融状况，满足农民需求，促进农村经济发展做出了重要贡献。

2. 新型农村金融组织

中国银监会于 2006 年开始的农村金融体系改革，设立了包括村镇银行、小额贷款公司以及农村资金互助社在内的多项新型农村金融组织，这就对当前中国农村金融组织中仅有农村信用社一种的状况进行了足够的补充，而且也开始了在中国实施探索新型农村金融组织的步伐。截至 2010 年 11 月底，全国总共组建了 425 家新型农村金融机构，这些新型农村金融机构的资本总额达到 150 亿元人民币，发放的贷款总额也超过了 500 亿元人民币（杨娴婷和杨亦民，2012）。可以看出，在中国政府部门的指引下，新型农村金融组织无论是质量还是数量方面都实现了较大幅度的增长。然而，这些组织在经营过程中也存在很多问题，尤其是经济利益与社会效益间的矛盾，使很多新型农村金融组织同样违背了设立的初衷。如有的新型农村金融组织在追求自身经济利益的同时，有意无意地忽略了贫困农户的金融需求；有的新型农村金融组织顾及了贫困农户的金融需求，却忽视了过度放贷和农户屡弱的还贷能力，使自身的财务状况陷入困境。可以说，目前我国农村新型金融组织的状况难以令人满意。

当前，新型农村金融组织面临的首要问题是资金来源，这实际上也是所有农村金融组织面临的问题，给中国农村金融改革造成了最严重的瓶颈。首先，对于村镇银行而言，尽管历史负债包袱较少，但由于资金来源十分有限，使得无法扩大自身的经营规模，从而无法满足农村金融当中对于信贷供给的真实需求。而且，由于历史较短，与国有商业银行等金融机构相比，农民的认可度较低，造成了其自身的信用度较低，无论是吸收农民储蓄还是向商业银行融入资金都较为困难。其次，农村资金互助社作为纯粹的民间组织，融资渠道主要来自会员的存款及其他捐赠和投资。但是，农村资金互助社规模更小、信用程度更低，能够提供的信贷资金更有限。而且无论是农民还是其他商业银行对其认可度更低，使其融资难度相比新型农村金融组织会更大。最后，小额贷款公司实行的是"只贷不存"的模式，其资金来源主要是投资人的设立资金。除非投资人具有很强实力，否则小额贷款公司只能在很小地域内开展业务。而且农村人口的还贷能力弱，在农村开设小额贷款公司的风险会更高。

新型农村金融组织面临的另外一个问题是分布区域太少，除了在极少数城镇地区，所谓的农村金融组织在绝大多数农村地区难觅踪影。首先，对于村镇银行和小额贷款公司而言，作为自负盈亏的企业法人，首要目的是追求利润，对股东和发起人负责。在这种目的的驱使下，将村镇银行设置在城区、城乡接合部或经济相对发达的乡镇，会具有更大的盈利空间，但这样无法实现服务农村的目的。然而在经济欠发达的农村地区，由于自身条件差，可融入资金少，信用风险高，这对发起人吸引力较小，于是在已经设立的村镇银行中，普遍选择位于经济较发达的县城或乡镇所在地，而且数量已经很少，更不用说在经济不发达的地区了。其次，小额贷款公司是一种自主经营、自负盈亏、自我约束以及自担风险的法人组织，但由于小额贷款公司并不接受存款，这就使得其由于资金来源的限制而在发放贷款的规模方面受到极大的限制，而且也限制了小额贷款公司的运营成本。据统计，有 90% 以上的小额贷款公司陷入资金困境而举步维艰。最后，农村资金互助社的数目和规模目前来说更是有限，截至 2011 年年底，全国总共成立了几十家，相对于我国庞大的基层区划数量来说，这几乎可以忽略不计。

3. 农村信用社与新型农村金融组织的比较

从目前我国现有的农村金融组织的情况来看，农村信用社成立时间最长，其组织架构、管理模式也是最完善的。虽然也面临资金不足的状况，但是农村信用社相对资金实力在所有农村金融组织中是最雄厚的，而且覆盖面最广，农村信用社基本能够覆盖到绝大多数的乡镇和农村，同时其发放的贷款数量也是最多的。农村新型金融组织自 2006 年才开始建立，目前还处于起步阶段，在运营和发展方面还需要进一步摸索，目前村镇银行的运营模式基本参照商业银行的模式，但是其规模还较小，网点分布多集中在城镇，还难以覆盖到乡村地区。小额信贷公司和农村资金互助社在我国的发展规模还太小，对农村金融产生的影响还很小。

7.3.2 政府在农村金融改革中的角色分析

1. 引导者

政府在农村经济和农村金融改革中，首先必须是引导者。从本质上讲，农村的发展环境和城市相比差距较大，经济水平落后，我国经济发展中的双轨制非常明显。但是，我国农村人口众多，如果不加以正确引导，有可能像有些发展中国家那样，农村极端贫困，而农村的贫困人口又涌入城市，给城市的发展造成负担。因此如何利用农村的劳动力优势，积极开展"三农"建设，关键在于政府能不能进行正确的引导。

农村金融改革是我国"三农"建设中至关重要的一环，为农村地区经济的可持续发展提供保障。但是长期以来，我国农村金融非常不发达、不规范，农村居民贷款来源主要靠相互信贷等手段，严重制约了农户的生产活动。在这种情况下，就更加需要政府进行足够的宣传，引导农村人口树立正确的经济意识和金融意识，尤其是正规途径的金融意识，从而使得农村人口能够通过正规途径获得贷款。

政府应当作为农民利益的代表，制定措施并积极引导其他有实力的金融组织为农户提供信贷，弥补农村信贷规模不足。从短期看，为农户提供信贷获得的利益较少，但长期来看，我国农村地区将是另一个广阔的市场，能够抢先在其中占有一席之地，将对未来的发展产生十分积极的影响。从这一点来说，更加需要政府引导金融组织放长眼光，实现双赢。

除上述手段之外，政府还可以通过合理运用间接经济手段，引导农村金融发展方向。例如，通过再贷款及再贴现等货币政策工具，增强新型农村金融组织在农村经济中发挥的能力；通过转移支付的方式加大地区间的协调力度，增加金融对于某些贫困地区的进一步投入，帮助贫困地区发展地方经济；通过改进和完善金融行业中的再贴现业务的管理，给予涉农行业的已贴现票据在办理再贴现业务时优先权，通过票据市场的引导也能够丰富农业资金的来源和扩大农业资金的总额（张雨润，2008）。

2. 规则制定者

政府非常重要的作用是提供各种公共产品，尤其是作出有效的制度安排，也就是说，政府是规则的制定者。但应当注意，政府绝不应当是市场本身。在我国金融改革中，为了达到金融制度支持农业经济发展的目的，政府需要建立和完善多层次以及功能互补的农村金融组织体系，这一体系应包括法律、行政法规、规章制度、地方性法规和地方政府的规章以及政策性文件等，是多层次的，也包括正式法律条文与官方行政法令的形成。也就是说，在制度供给方面，政府需要发挥至关重要的作用，因为规则应由政府直接制定。就法律的制定和颁布而言，虽然由人大通过，政府并无立法权，但在起草法律草案过程中，政府仍具有重要作用，不仅需要向人大相关委员会提供咨询，而且政府还需要根据人大的相关委托直接起草部分法律。也就是说，政府在法律法规的制定方面具有重要意义。

然而，由于当前中国农村金融的改革时间较短，相关的农村金融法律法规并不完善，尤其是制度基础较为薄弱，还有很长的路要走。由于没有经过较长的制度演变过程，很多正式法律的出台还需要合适的时机，现在对市场的规范主要依靠各级政府出台的临时性文件。尤其是对于中国这种幅员辽阔的国家而言，不同地区的政治经济发展极度不平衡，不同地区的农村经济状况差异非常大，因此单一的政策并不适合差异化的中国农村实际情况。因此，不同地区出台的法规和政策应符合当地的实际情况，只有这样才能够使政策产生真正的作用。所以，各级政府在农村金融改革中，必须慎之又慎地扮演好规则制定者的角色。

3. 支持保障者

加快农村基础设施建设，应推进全国性的资金清算系统建设，切实解决农村资金汇划与汇兑难等影响农村金融效率的问题。同时，应加强农村现金管理和国库资金拨付等基础性金融服务工作。而且，政府应负责建立政策性农业保险机构，通过建立公益性的农业保险机构，解决农户在生产和家庭生活方面的后顾之忧。政府还应当承担一部分农户和中小企业的信贷担保。目前我国一些农户和中小企业缺乏信贷记录，这样在金融机构贷款时，就会受到不同程度的限制，在这个方面，政府应当承担部分信贷担保工作。对于政府而言，最有力也是最直接的支持就是财政上的支持，包括直接的财政拨款以及间接的税收政策支持等，从而各地政府可以根据本地区的经济发展状况以及农村经济的现实问题，实行灵活的财政和税收政策。对农户和农村金融机构在财政和税收上进行支持，同时还可以通过这些手段对市场进行间接干预，确保市场的有效运行。除此之外，政府的支持保障作用还体现在，培养和吸引金融人才到农村金融机构工作以及培养农民的金融信用意识，帮助农民掌握现代金融知识和技能等方面。

4. 金融市场监管者

政府还需要扮演的一个非常重要的角色就是农村金融市场的监管者。目前，政府的金融监管有两种形式：一种形式是监管主体的行为是否规范；另一种形式是对市场的风险性进行监管和控制。金融市场是机会主义盛行的场所，必须由政府进行监管，农村金融市场更是如此。农村金融市场中可能会出现一些破坏正常金融秩序及损害农民合法权益的机会主义行为，有关政府部门应当密切关注，防止其偏离正常轨道。对于政府而言，在制定相关政策保护农村人口以及农村企业通过合法途径能够获得借贷的同时，还必须要打击地下金融活动中的一些恶性行为（如高利贷等）。

政府对市场风险的监管和控制在我国金融改革中非常重要。长期以来，我国农村金融机构缺乏贷款的风险意识，导致农村金融机构产生了大量不良贷款，给农村金融改革带来了沉重包袱。因此，对农村金融机构的监管需要将重心放在信贷资产风险。除此之外，农村金融机构的投资风险也应当是风险监管的重要内容。

可见，政府在农村金融改革中起到十分关键的作用。从根本上来说，中央政府的目的是通过农村金融改革促进农业的长期健康稳定发展，因此中央政府在宏观经济层面通过扮演各种角色，在扶持农村信用社的同时，也鼓励农村新型金融组织建设，力图建立多渠道、立体式的农村金融体系，其战略目标更加长远。但地方政府由于存在政治锦标赛的压力，在农村金融方面更加需要"短平快"出成绩，这就决定了地方政府在决策时不可能像中央政府那样做长远考虑，而是更愿意将工作重心放在如何提高农民贷款数量这样的具体问题上。农村金融改革由中央政府制定大的战略方针，由地方政府完成具体执行，这种中央政府和地方政府在目标上的不一致，有可能对农村金融改革的结果产生一些影响。

在我国，中央政府和地方政府在很多方面的利益并不一致，在对待农村新型金融组织的态度上就体现了这一点。从地方政府的角度来说，无论是村镇银行、小额贷款公司还是农村资金互助社，这些农村新型金融组织如果能够自己发展起来，成为农村信贷的重要力量，当然对各方都是理想的结果。但是，就目前情况来看，这些农村新型金融组织的发展还处于较为初级的阶段，离中央政府希望的目标还很远。地方政府在政治锦标赛的压力下与其扶持农村新型金融组织，等待其缓慢地见到效益，不如直接和农村信用社合作，用政府担保，推动其发放更多的贷款，这样更加容易在政治锦标赛中占据优势地位。一般来说，像农村新型金融组织这样发展处于初级阶段的经济组织，如果缺乏地方政府的实质性支持，靠其自身发展，是很难取得较大进步的。因此，作为中央政府，如果希望通过加强农村新型金融组织建设，解决农村金融信贷不足的局面，推进农村金融改革，就必须通过机制设计，促使地方政府支持农村新型金融组织建设。

7.4 促进地方政府加强农村新型金融组织建设工作的机制设计

7.4.1 机制设计原理

中央政府作为委托人，可以通过机制设计促进地方政府做出符合委托人要求的决策。一般来说，委托代理关系的关键是如何设计激励相容约束，使委托人和代理人利益相一致，这样代理人才会采取委托人希望的努力水平完成工作。现在假定地方政府如果不努力推进农村新型金融组织建设，仍然能够获得的效用为 $\bar{U}$，地方政府的负效应为其努力水平的单调递增函数 $C = C(e)$，$C' > 0$，$C'' > 0$。现在，假如地方政府能够选择努力水平 e 在某个区间连续分布，推进农村新型金融组织建设的成果 $R = R(e)$，并且 $R' > 0$，$R'' < 0$。假定中央政府根据地方政府的推进成果 R 进行一定奖励，奖励水平为 w，可知 $w = w(R) = w[R(e)]$。这样，地方政府的收益为：

$$w - C = w[R(e)] - C(e)$$

由此可知，只有 $w[R(e)] - C(e) \geqslant \bar{U}$ 时，地方政府才有动力推动农村新型金融组织建设，否则地方政府不会采取任何行动，该式即地方政府的参与约束。那么中央政府的收益：

$$R - w = R(e) - w[R(e)] = R(e) - C(e) - \bar{U}$$

对上式求出符合中央政府最大利益的 e^*，如果要地方政府在任何时候能够按照中央政府的最大利益行事，就必须让下式成立：

$$R(e^*) - w[R(e^*)] \geqslant R(e) - C(e)$$

该式即为双方的激励相容约束。

在锦标赛模式中，这种情况就会变得更加复杂。谢识予（2002）认为可以从博弈论中探讨两个竞赛者的模型，从而导出一般性的结论：假定有两个竞赛者，产出函数为 $R_i = e_i + \varepsilon_i, i = 1, 2$，$\varepsilon$ 为随机扰动项，扰动项相当于从分布密度为 $f(\varepsilon)$，均值为 0 的概率分布中独立抽取。为鼓励竞赛者努力工作，委托人会宣布，产出高的竞赛者将获得高奖励 w_h，产出低的竞赛者只能获得低奖励 w_l。假定竞赛者得知委托人的奖励水平后，即选择自己的努力水平 e_i，$e_i \leqslant 0$，很显然，竞赛者获得的效用为 $u(w, e) = w - C(e)$。

这是一个两阶段的动态博弈，在委托人宣布了 w_h 和 w_l 之后，对竞赛者来说这两个数额为已知不变因素。假定竞赛者为风险中性，随后选择了努力水平为 (e_1^*, e_2^*)，那么每个竞赛者的纳什均衡策略即给定对方的选择，自己选择的努力程度要使自己的利益最大化，即对任意 i，e_i^* 必为下列最大问题解：

$$\max_{e_i \geqslant 0} [w_h \times P\{R_i(e_i) > R_j(e_j^*)\} + w_l \times P\{R_i(e_i) \leqslant R_j(e_j^*)\} - C(e)] =$$
$$\max_{e_i \geqslant 0} [(w_h - w_l) \times P\{R_i(e_i) > R_j(e_j^*)\} + w_l - C(e_i)]$$

其中 $P\{g\}$ 是括号中不等式成立的概率，对上式最大化后可得：

$$(w_h - w_l) \frac{\partial P(R_i(e_i) > R_j(e_j^*))}{\partial e_i} = C'(e_i)$$

该式表明，竞赛者付出努力的边际收入必须等于其付出努力的边际负效用值。将产出函数的随机扰动的概率分布代入上式中的概率公式，再利用条件概率的贝叶斯法则可得：

$$P\{R_i(e_i) > R_j(e_j^*)\} = P\{\varepsilon_i > e_j^* + \varepsilon_j - e_i\}$$
$$= \int_{\varepsilon_j} P\{\varepsilon_j > e_j^* + \varepsilon_j - e_i | \varepsilon_j\} \cdot f(\varepsilon_j) d\varepsilon_j$$
$$= \int_{\varepsilon_j} [1 - F(e_j^* + \varepsilon_j - e_i)] f(\varepsilon_j) d\varepsilon_j$$

可得：

$$(w_h - w_l) \frac{\partial P(R_i(e_i) > R_j(e_j^*))}{\partial e_i} = (w_h - w_l) \int_{\varepsilon_j} f(e_j^* + \varepsilon_j - e_i) f(\varepsilon_j) d\varepsilon_j = C'(e_i)$$

由于两个竞赛者面临相同的情况，因此假定对努力程度选择相同，那么 $e_1^* = e_2^* = e^*$，这样可以得到：

$$(w_h - w_l) \int_{\varepsilon_j} f^2 f(\varepsilon_j) d\varepsilon_j = C'(e^*)$$

该式即两竞赛者之间博弈的纳什均衡，即给定奖励水平下的最优努力水平决定公式。由于 $C(e_i)$ 是单调递增函数，因此上式表明奖励的差距越大，即

（$w_h - w_l$）越大，越能够促使竞赛者付出更多的努力 e^*，但在（$w_h - w_l$）比较小的情况下，竞赛者将不会付出很大努力。如果（$w_h - w_l$）保持不变，则随机扰动项 ε 影响越大。也就是说，运气成分所占比例越大，竞赛者会觉得付出越是不值得的，从而不会付出很大努力。还有另外一种情况就是竞赛者不会付出努力，即竞赛者参与约束必须成立，假定竞赛者有 50% 的机会胜出，那么参与约束为：

$$50\% w_h + 50\% w_l - C(e^*) \geqslant \overline{U}$$

如上式不成立，将直接导致竞赛者出现 $e_1^* = e_2^* = 0$ 的情况，所以在机制设计时，这种情况必须予以考虑。

对委托人来说，在确定了 w_h 和 w_l 之后，则收益函数为：

$$R_1 + R_2 - w_h - w_l = 2e^* + \varepsilon_1 + \varepsilon_2 - w_h - w_l$$

因 ε_1 与 ε_2 是均值为 0 的随机变量，因此委托人的期望收益为：$2e^* - w_h - w_l$；而委托人的利益来自将上式最大化，即 $\max\{2e^* - w_h - w_l\}$；取 $50\% w_h + 50\% w_l - C(e^*) = \overline{U}$，则：

$$\max\{2e^* - w_h - w_l\} = \max\{2e^* - 2\overline{U} - 2C(e^*)\}$$

由于 $\overline{U}$ 为常数，因此：

$$1 - C^{'}(e^*) = 0$$

其中，e^* 即符合委托人利益的竞赛者的努力程度，随后可根据 e^* 求出符合委托人利益的最优奖励水平 w_h 和 w_l。

7.4.2 机制设计思路

1. 提高该项工作在锦标赛中的权重

在政治锦标赛中，某一项工作指标的权重来自由竞赛者根据前期经验进行的主观判断。当前，公认最重要的指标是 GDP 增长率。多年来，我国始终将 GDP 增长率的高低看作一个地区经济建设成败的标志，而在地方经济建设取得成功的官员几乎就等同于 GDP 增长最快地区的官员，这些官员在晋升中能够占据最有利地位。周黎安等（2004）对中国 1979—2002 年省级官员晋升的研究及陈潭和刘兴云（2011）对乡镇基层干部晋升的研究，都证实了经济绩效与晋升间存在明显的正相关关系。因此，取得高 GDP 增长率几乎成为官员晋升的必要条件。在这样的标杆示范作用下，政治锦标赛的竞赛者自然会将 GDP 增长率所占的权重定为最高。当前，我国各地区 GDP 的构成中，除个别省份外，第一产业所占比例普遍较低，表 7-1 是 2010 年我国各省区三产业所占 GDP 比例，也说明了这种情况。

表 7-1　2010 年中国各省区（港、澳、台除外）三产业所占 GDP 比例　单位：%

地区	G1	G2	G3	地区	G1	G2	G3	地区	G1	G2	G3
北京	0.9	24.0	75.1	安徽	14.0	52.1	33.9	四川	14.4	50.5	35.1
天津	1.6	52.5	46.0	福建	9.3	51.0	39.7	贵州	13.6	39.1	47.3
河北	12.6	52.5	34.9	江西	12.8	54.2	33.0	云南	15.3	44.6	40.0
山西	6.0	56.9	37.1	山东	9.2	54.2	36.6	西藏	13.5	32.3	54.2
内蒙古	9.4	54.6	36.1	河南	14.1	57.3	28.6	陕西	9.8	53.8	36.4
辽宁	8.8	54.1	37.1	湖北	13.4	48.6	37.9	甘肃	14.5	48.2	37.3
吉林	12.1	52.0	35.9	湖南	14.5	45.8	39.7	青海	10.0	55.1	34.9
黑龙江	12.6	50.2	37.2	广东	5.0	50.0	45.0	宁夏	9.4	49.0	41.6
上海	0.7	42.1	57.3	广西	17.5	47.1	35.4	新疆	19.8	47.7	32.5
江苏	6.1	52.5	41.4	海南	26.1	27.7	46.2	浙江	4.9	51.6	43.5
重庆	8.6	55.0	36.4								

资料来源：中国统计年鉴。

注：G1、G2、G3 分别代表第一、第二、第三产业。

从表 7-1 可以看出，除海南外，其他所有省区第一产业所占 GDP 的比例均在 20% 以下，这其中除云南、广西和新疆外，第一产业所占 GDP 的比例均在 15%~20%，其他 27 个省区第一产业所占 GDP 的比例均在 15% 以下。这表明，第一产业对 GDP 的贡献在全国范围内基本是最低的。不仅如此，第一产业的增长速度也是最慢的（见表 7-2）。

表 7-2　2010 年我国各省区（港、澳、台除外）三产业 GDP 增长指数（上年 = 100）

地区	GDP	G1	G2	G3	地区	GDP	G1	G2	G3
北京	110.3	98.4	113.7	109.3	湖北	114.8	104.6	120.2	111.3
天津	117.4	103.3	120.2	114.2	湖南	114.6	104.3	120.2	111.7
河北	112.2	103.5	113.4	113.1	广东	112.4	104.5	114.7	110.6
山西	113.9	106.1	118.3	109.4	广西	114.2	104.6	120.5	111.1

地区	GDP	G1	G2	G3	地区	GDP	G1	G2	G3
内蒙古	115.0	106.1	118.2	112.4	海南	116.0	106.3	119.2	120.1
辽宁	114.2	105.8	116.8	112.5	重庆	117.1	106.1	122.7	112.4
吉林	113.8	103.7	118.2	110.7	四川	115.1	104.4	122.0	110.2
黑龙江	112.7	106.2	114.5	111.8	贵州	112.8	104.7	116.6	112.1
上海	110.3	93.4	116.8	105.7	云南	112.3	104.2	115.8	111.5
江苏	112.7	104.9	113.1	113.3	西藏	112.3	103.2	114.1	113.7
浙江	111.9	103.2	112.4	112.3	陕西	114.6	105.8	118.0	112.1
安徽	114.6	104.6	120.7	110.1	甘肃	111.8	105.5	115.3	109.9
福建	113.9	103.3	118.1	110.6	青海	115.3	105.9	119.3	112.1
江西	114.0	104.0	118.2	111.2	宁夏	113.5	107.4	116.0	111.6
山东	112.3	103.6	112.8	113.5	新疆	110.6	104.5	112.6	110.8
河南	112.5	104.5	114.8	111.4					

资料来源：中国统计年鉴。

注：G1、G2、G3 分别代表第一、第二、第三产业。

从表 7-2 可以看出，除海南外，所有省区的第一产业产值增幅全部落后于本地区 GDP 的增幅。我国农村居民人口众多，"三农问题"事关我国经济发展的大局，但是第一产业产值小，在国民经济中所占的比例越来越低。因此，在 GDP 增幅导向的政治锦标赛模式下，地方政府必然将发展农业放在比较次要的地位。而且，由于有了农村信用社，能够解决绝大部分农村居民的贷款，地方政府不再有动力大力开展农村新型金融组织建设。要改变这一局面，就必须从根本上提高农村金融工作在政治锦标赛指标中的权重。这就需要中央政府在考虑晋升名单的时候对农村金融工作取得显著成果的官员倾斜，从而产生示范作用，提高农村金融工作在政治锦标赛指标中的权重。

2. 增加中央政府扶植资金

当前，我国中央政府和地方政府间面临着支农资金的矛盾。地方政府不愿意将有限的资金投入到支农方面，甚至有些地方在资金不足的情况下还挪用中央的支农资金，更不用说将资金用于短期内难以见效的农村新型金融组织建设。近年来，虽然中央财政用于"三农"方面投入资金的数量逐年增加，但不同年度间的投入并不平衡，相隔年度间的投入资金具有一定的差异，而且重要的是，相对于农村人口占总人口的比重，财政支农金额占财政总收入的比重并没有实质性的增加。所以为了保证财政支农投入的不断增加，甚至将相关内容写入《农业法》中，规定国有土地出让金用于农业土地开发的比重不得少于15%。但是，很多政策在执行层面并未得到很好的贯彻。特别是一些地方财政投入不足，城乡财政资源配置严重不对称的状况没有彻底改变，导致地方财政在农村地区的投入严重不足的现象非常多。当然，单纯由地方政府投入资金建设农村新型金融组织，既不现实，地方政府也缺乏动力。因此，由中央财政投入建设资金才是农村金融改革政策能够落到实处的重要基础。中央政府在推动经济发展与增强财政实力的同时，需要通过增加支农财政比例的方式进一步调整和优化财政结构，以保证财政对农村新型金融组织建设投入的逐年稳定增长，以提高农村金融支出比重，扩大农村公共财政覆盖范围。

同时，需要逐步将更多资金用于农村金融体系的建设，完善农村地区财税体制，增强地方政府，特别是县级政府的财力。首先，由于当前农村资金紧张的局面在短期内难以解决，因此必须明确财政支持农业发展的主体地位是中央和各省级政府，需要中央政府不断加大财政支农的力度，保证财政支农的增长幅度与国家整体经济增长的速度一致，甚至高于该比例，还需要在有条件的情况下将更多的资金用于农村金融体系的建设；其次，完善农村地区财税体制，增强地方政府特别是县级政府的财力，需要统筹城乡经济，将工业利润投入到农业发展中，增加农业的基础建设资金，从而减轻基层财政的负担，形成以中央和省级财政为主、以市县乡为辅的财政投入保障机制；最后，需要持续开辟新的资金来源渠道，通过继续对机关单位进行改革，减少机关部门的相应支出，从而创造更多资金投入到农村金融的发展中，如在政府账户管理上，可以考虑将部分资金账户在农村金融机构开设，增加其储蓄额，提高其发放贷款的能力。在努力扩大资金供应的前提下，如何充分利用好现有的资金资源便是当前财政支农工作的重要课题，而其中的重点就是如何整合财政资源，以提高支农资金的使用效益。

3. 加强中央政府的政策扶持

中央政府应当加强货币信贷和金融安全政策支持。当前，中央政府可以通过对中国人民银行的控制，而控制整个国家的金融系统，所以中央政府同样应该通过对中国人民银行的控制，着重支持农村金融的发展，在制定和执行货币政策方面对农村金融予以倾斜。当前，我国的法定准备金率、利率政策、银行间市场、支付结算系统、票据贴现以及再贷款等方面都是全国统一的政策，没有单独针对农村金融机构的特殊考虑。因此，我国在制定货币信贷政策时可以考虑为农村金融创新性地提供专门的政策支持。例如，实行有利于农村金融发展，或是利于新型农村金融组织的法定准备金率及信贷利差政策等内容。同时，当前农村金融机构在参与本地银行间市场业务和金融产品的交易方面存在很多限制，国家应通过政策取消或禁止这些限制，使农村金融机构获得一个公平竞争的环境。

在货币政策方面，中国人民银行应重点考虑对农村金融机构，尤其是新型农村金融机构绩效实施差别化的存款准备金政策，以便能够增加农村金融机构的流动资金，提高向农户发放信贷的能力。同时，中国人民银行还应该不断改进和完善农村金融机构的再贷款政策，以便更好地发挥在农村金融中的再贷款的作用。

同时，需要加强农村金融工具的创新，中国人民银行和相关政府部门需要充分利用自身在信息和金融专业技术方面的优势性，大力培养专门的金融人才，投入更多的资金设计出更多的适合农村金融的创新性工具，以增加新型农村金融组织的活力。

另外，应在全国的农村范围内普及信贷登记系统以及农村人口的个人信用基本信息数据库的录入工作。在我国，由于农村地区很多农村人口缺少信用记录，导致其贷款受到限制，通过信贷登记系统和个人信用信息基础数据库在农村地区的使用，能够较好地解决这一问题。

最后，应适当地放松对农村金融的监管，或者积极实施创新性的农村金融监管，以给农村金融创造一个宽松的发展环境，也能够吸引更多的资本投入到农村金融中。对于国家而言，应持续性的加大对西部地区资金的政策性投入，保持西部大开发中对于农业的支持力度。同时，鼓励符合条件的股份制农村金融机构按照资本市场的规律，进入农村金融市场，进行相互投资及资产重组等行为，以增强新型农村金融机构适应农村金融市场的能力。另外，国家应允许成立以民间资本为主的新型农村金融机构，改变新型农村金融机构仅有国家出资构建的现状，这就需要降低农村金融市场的进入门槛，吸引更多有实力的资本的进入。在当前的中国农村中，无论是普通农村人口，还是农村的中小企业，通过正规的金融机构获取贷款的难度是非常大的，其中一个重要原因就是为农村服务的金融机构太少。而且由于我国长期金融机构形成的积弊，中小企业能够从正规的金融机构获得贷款的数额只有30%，大多数中小企业只能靠自有资金或者相互拆借进行运营，甚至是高利贷。由于中国地区间经济发展不平衡，尤其是中西部地区和东部地区差距较大，农村的贷款数额小，地点分散，大型商业银行的运行成本高。因此，随着农村信用社的商业性银行化，也可能出现将资金抽离转向城镇的情况，这需要决策者将来认真进行考虑，如何应对。除此之外，还要放松对农村金融产品的价格监管，规范市场秩序，实行市场定价机制。

7.5 本章小结

对于农村新型金融组织，仅依靠农村新型金融组织在农村金融市场中的自然发展是不行的，一方面农村新型金融组织在中国依然是一个较为新鲜的事物，很多农民以及农村中小企业对于农村新型金融组织的理解不够，从而认可度不高；另一方面农村新型金融组织的自身发展也存在很多问题，尤其是在中国二元金融环境的背景下，农村新型金融组织的自然发展就会面临很多困难。因此在这种情况下，就需要政府行为的参与，才能够保证农村新型金融组织的顺利发展，所以本章分析了农村金融组织创新的政府行为，研究发现：

（1）在分析政府行为与农村金融组织发展时发现，一方面政府行为会在农村金融组织的发展过程中出现"双失灵"，即"市场失灵"与"政府失灵"；另一方面政府在新型农村金融机构的发展中依然扮演领导角色，而农村金融机构则处于被控制局面，但是中央政府与地方政府的影响是不同的。

（2）在分析转轨期间我国政府的行为模式时，在分别对政府行为的政治锦标赛模式、政府锦标赛的委托代理关系以及政治锦标赛的竞争关系进行博弈论的分析后发现，虽然政治锦标赛存在很多问题，但是政治锦标赛具有一定的好处，尤其是政治锦标赛所具有的竞争压力，会迫使竞赛者使用最小成本，攫取最大利益，这种动机会对中国的农村金融改革产生深远影响。

（3）在分析政府行为对农村金融产品的影响时发现，政府应该在农村金融改革中扮演的角色包括引导者、规则制定者、支持保障者以及金融市场监管者。

（4）在分析促进地方政府加强农村新型金融组织建设工作的机制设计时发现，相应的机制设计原理是依据政治锦标赛中委托代理关系的激励相容约束机制，而机制设计思路则是首先应提高工作在锦标赛中的权重，其次增加中央政府的扶持资金，最后加强中央政府的政策扶持。

8 中国农村新型金融组织的发展路径

当前新型农村金融机构虽然获得了较快发展，但由于试点时间短、数量少以及范围小，加之农村金融的复杂性和农村金融体制改革的艰巨性，现有新型农村金融机构对促进农村金融发展的作用较有限，进一步培育和发展新型农村金融机构，从制度设计上进行长远规划和设计非常必要。经验证据表明，对于长久处于困境中的中国农村金融市场而言，当初的政策性贷款或是仅依靠旧有商业银行体系在农村金融领域的扩展，是无法从根源上解决问题的。这就是说，以"边际增量"身份出现的新型农村金融构建，设定的目标并非简单的资金投放的增加，关键问题应是摆脱与原有农村金融市场格格不入的旧制度的束缚，从而探索一条真正能够解决中国农村金融问题、符合中国农村金融市场需求以及能够实现农村金融市场中长期自我可持续发展的农村金融新机制（陈雨露，2010）。

8.1 农村新型金融组织发展的总体路径

8.1.1 推动制度变迁，促进农村新型金融组织发展

农村金融组织的发展实际上是制度变迁的历史。制度变迁的过程就是新制度的产生以及对旧制度加以否定、扬弃或者改变的过程。制度变迁的主体不一定是制度变迁的领导者，也不一定是制度的设计者，只要是有意识地推动制度变迁或施加影响，就是制度变迁的主体。制度变迁的路径选择主要是在一定的社会经济条件下的公共选择过程，具体内容是由主要利益集团的利益格局和相互关系决定的。

任何制度都有产生、发展和消亡的过程。马克思非常重视对制度的研究，认为社会制度是由经济基础和上层建筑这两个层次构成的，而经济基础决定上层建筑。西方经济学家，尤其是制度经济学家，也对制度的内涵作了解释，

　　诺斯将制度定义为一种社会的游戏规则，或者说是为决定人与人之间相互关系而人为设定的一些制约性的规定。柯武刚和史漫飞（2000）认为，制度是人类相互交往的规则，它抑制着可能出现的机会主义，使人们的行为更可预见，并由此促进劳动分工和财富创造。青木昌彦（2001）则运用博弈论的方法分析了制度问题，将经济过程类比为一种博弈的过程，也就是将制度定义为博弈的参与者、博弈的游戏规则以及博弈过程参与者均衡策略三种模式。可以看出，制度是约束人们的行为规则，决定了社会主体在社会生活中可以选择的行动方式，也是人们结成的各种社会、经济、政治等组织或体制，决定着一切社会经济活动和各种经济关系互动的框架。

　　从理论上来看，制度变迁的模式可以分为诱导性制度变迁和强制性制度变迁。其中，诱导性制度变迁指的则是将现行的制度安排进行变更或者替代，或者是创新制度安排。诱导性制度变迁是由个人或群体，在响应获利机会的时候，自发倡导、组织以及实行的。而强制性制度变迁指的是制度安排的更替或者是通过政府行政命令或法律而实行的新制度建立的方式，是以国家暴力为后盾，由上至下强制推行的，广大社会群体只能接受和服从这种制度上的变迁。由于外部性的存在，若制度创新的私人收益小于社会收益就必然会导致制度短缺或者是制度供给滞后。在这种状况下，就需要引入一定的能够影响制度的因素，而这个因素就是国家或政府的介入，从而就产生了强制性的制度变迁。而强制性制度变迁是具有一定的优势的：一方面由于国家具有强制性，国家提供公共品的成本相对竞争性组织又低，在制度实施和组织成本方面具有先天优势；而另一方面强制性制度变迁还能够弥补制度供给不足的问题，这是因为制度变迁会因为由于外部性和"搭便车"的问题从而缺乏激励性，而政府或国家的介入者可以强制受益者分摊成本，从而使得制度的变迁变得更加顺畅。而且，由于个人的有限理性，制度变迁时间越长，个人承担的风险相应越大，国家则可以利用自身优势缩短制度变迁时滞。同时，某些供应纯公共品的制度安排也必须由政府或国家来供给。当然，也有对诱导性制度变迁和强制性制度变迁的分类持有不同意见的，如有的学者认为难以区分诱导性和强制性的制度变迁（内生性和外生性的制度变迁），制度变迁在本质上是内生的、诱致性的，要发生诱致性制度变迁必须要有来自制度不均衡的获利机会。

制度变迁具有一定的动力机制，主要包括经济决定论、技术决定论、文化决定论三种理论，具体而言：

（1）经济决定论。经济决定论的核心表明，低效率制度在经济压力下，将促使制度向高效率的方向变迁，因而经济利益是制度变迁的动因。经济决定论是基于"成本—收益"分析法的，舒尔茨（2005）认为，人的经济价值的不断提高，可能会迫使社会建立有利于人的代理组织的追加权利。其中，立法和法律是为了适应由人的经济价值的提高所能够导致的制度压力与限制而作出的一种滞后调整。但是，单纯将制度变迁的动因归咎于经济原因，就不能完全解释一些历史事实。卢现祥和朱巧玲（2007）就提出，诺斯曾经针对这一问题提出过疑问，认为就经济层面的意义而言，奴隶制度是有利可图的，但却很难做到帕累托改进，然而这种长久存在的制度却会在短时间内普遍消失于世界各国。事实上，美国南北战争以前，南方奴隶制经济利润率还是很高的。有些被实践证明为经济绩效较差的制度却能够长期存在，如朝鲜实行的计划经济模式。诺斯就曾经指出，制度并不是完全按照效率原则发展的，它还会受到政治、军事、社会、历史和意识形态的约束。因此，一个民族完全有可能长期停留在低效率的经济制度。

（2）技术决定论。技术决定论认为，技术变迁决定于制度变迁和社会发展。凡伯伦（2005）和他的追随者将技术视为经济增长的动态因素，而制度则是静态的因素。就是因为存在这两种因素之间的辩证斗争与冲突，才导致了经济与政治制度之间的缓慢替换以及经济组织的体系所产生的历史变迁与调整。马克思也认为，在人类社会发展过程中，生产力决定生产关系，生产关系反作用于生产力，在生产力和生产关系的地位上，生产力是决定性因素。制度属于生产关系范畴，技术属于生产力范畴，因此，技术决定制度变迁。但是，技术决定论不能解释没有技术变迁，仍然存在生产率提高、成本下降的现象。新制度经济学家认为，制度是经济增长的决定因素，制度创新决定着技术创新，产权、组织和市场等制度因素为技术创新提供了激励，并最终推动技术进步、经济成长和社会变迁。汪立鑫（2006）指出，诺斯曾认为，马克思的生产力决定生产关系的说法未能深入说明技术进步及生产力发展本身背后的推动力，而诺斯则始终强调相对于技术进步，制度变迁具有更重要也更基础的地位，正是出现了制度的变迁，才引发了技术进步的实际速率和一个经济的实际绩效。

（3）文化决定论。亚当·斯密（1976）指出，人的本质是具有同情心的，但是由于需要生存，人就不能不自利，而这种自利行为反过来又会改变社会的环境及制度安排，这样就使得道德观念促使人的行为有所改变，进而也促使了社会体制的演变。怀特（1988）认为，亚当·斯密实际上肯定了文化对制度变迁的决定作用，而且他极其强调文化对人自身发展变化的决定意义，将人对文化系统的反作用降到最低程度，认为文化是生物人向文化人转变的决定因素，而且决定了人类生活和行为的一切方面，决定了人们的饮食习惯、婚姻习俗、是非观念、审美标准、丧葬礼仪以及人类的哲学和宗教，也决定了人们的整个生活。应雪林（1998）认为，在怀特眼里，文化是一个由技术体系、社会体系和观念体系构成的自成一体的自制现象领域，它是一种超生物学、超躯体的存在，它有自己的生命和规律，且只受它自身规律的支配。

旧制度经济学家康芒斯明确对非正式规则决定正式规则的问题进行了阐述，认为正式规则即制度可由非正式规则即文化习俗转化而成。哈耶克认为，社会的内部规则，即文化，是人们依照自己的认识自我创造、自发选择，因此它的形成是一个不断试错的过程。从而，有效的制度并非人为设计出来的，而是文化演进的结果。诺斯对文化与制度的关系进行过更加深入的研究，将制度进一步划分为正式规则和非正式规则，其中正式规则包括政治（及司法）规则、经济规则和合约，非正式规则则是指人们在长期的社会生活中逐步形成的习惯习俗、伦理道德、文化传统、价值观念、意识形态等对人们行为产生非正式约束的规则。实际上，非正式规则，即伦理道德和价值观念等属于文化范畴。可以认为，正式规则就是我们所说的制度，而文化更接近于非正式规则，但又不完全等同于非正式规则。事实上，价值观才是文化的本质核心。

事实上，经济决定论和文化决定论都有其正确的一面。经济动因是制度变迁的一部分因素，但却不是全部。人的目标函数不只是经济利益，单纯的经济决定论必然会犯片面的错误。文化决定制度应该包含两层意思：

（1）观念是制度的依据。观念的核心是价值观，价值观决定了人们的行为规则，不可能构建出一种违背自己文化观念的制度。与技术创新相比，制度创新更困难，这不仅要涉及利益的冲突，更重要的是它要受到认知模式的严重制约，而文化认知模式本质上是一种地方性的现象，所以制度的基本特征是因时因地而异的特殊性，制度是一种适应社会存在的文化类型，没有文化认知模式的变革，正式制度安排很难扎根（贾根良，2003）。

（2）制度变迁是由文化观念的转变造成的。制度是文化观念的外化、固化和显化，因而传统文化观念往往是制度变迁的阻滞力量，而文化观念的转变将导致人们重新构建制度。异质文化的冲击，将改造传统文化，产生新的文化。本国或本民族的精英创造的新观念也会造成文化的转变。在一个社会中，总是会偶尔出现天才人物，他们会有不同于传统文化的新观念，在他们的影响下，新观念冲击旧观念。实际上，"经济决定论"与"文化决定论"并不存在本质的矛盾，二者是可以统一的。人是利己的，但是人利己的目标函数既有物质层面的经济利益，又有非物质层面的精神利益。如果将价值观引入经济层面，用主观效用代替客观的经济利益，二者就可以获得统一。

制度变迁对农村金融组织发展的作用十分重要。在农业发展严重不足的状况下，增加农村的金融供给可以具有典型的正向的外部性作用，这不仅可以提高农村人口的收入水平，还可以通过鼓励农村专业化与创新性的生产，促进农村人口生产的转型（陈雨露，2010）。由于我国农村金融体系改革是在整体上偏向正规农村金融的发展，旨在构建以合作金融为基础，政策性金融与商业性金融分工明确的农村金融体系，客观上就会抑制农村非正规金融以及自下而上的诱导性金融制度的变迁运行不畅。所以，政府就变为农村金融制度中的唯一合法供给主体，而使得作为内生于农村金融需求的非正规金融组织的发展就会产生滞后。在当前我国农村金融市场需求表现出多元化与多层次化的今天，农村金融市场会出现供需失衡的状况以及市场失灵与政府失灵并存的状况。从而，在农村金融制度供给的动力来源方面，我国农村金融组织的发展一方面需要"强制性制度变迁"，另一方面更需要"诱导性制度变迁"，也就是自下而上产生制度需求和创新。由于目前存在政府职能的定位模糊，导致政府功能发挥的不完善，从而已有的制度安排是不能满足当前实际的经济增长的需求的，而且由于政府同样存在信息不对称的问题，会无法了解当前真正的制度需求，因此真正的制度需求是不能够被上层认识到的，需要发挥农村中小企业以及市场的力度，自下而上产生制度需求，培育一些多样化的农村小型商业银行，并将其上升为上层建筑的制度供给，填补国有大型商业银行退出后留下的空白，这样制度供需矛盾会得到缓解，制度均衡结构也容易形成。

农村金融制度的变迁有其内在动力和外在推力的双重动力机制。内在动力主要是农村经济发展的内在融资要求，农村经济发展离不开金融的支持，农村金融要求主体主要为农户、农村集体经济组织和企业。农村中小型的金融需求主要是启动市场、扩大生产以及专业化、规模化生产等方面的贷款需求。外在推力主要是国家发展战略和经济体制调整和变革对农村金融制度的影响：一是发展战略的调整对农村金融制度发展产生较大影响。改革开放后特别是进入新世纪以来，随着党和政府对"三农"问题的重视，农村金融制度改革开始向工业反哺农业、城市支持农村的方向发展。二是经济体制转型推动了农村金融制度的健康发展。农村金融制度服从于经济体制，经济体制决定着农村金融制度的变迁，经济体制改革的方向和进程决定着农村金融制度变迁的方向和进程。

8.1.2 打破农村金融市场垄断

在当前以小农经济为主体的中国农村金融市场，无论是以农村信用社为主导的正规金融，还是以民间借贷为主导的非正规金融，均存在明显的垄断特征。一个有效率的农村金融体系是应该能够最大化地鼓励金融竞争以及限制垄断的，只有通过充分的金融因素之间的竞争，才能够降低交易成本，从而才会更有效地激发金融创新，进而提高农村金融的市场运行效率。从当前我国农村金融市场化水平看，我国农村金融市场发展与发达国家相比还有较大差距。事实上，一个完善的市场经济机制是需要优化生产要素的资源配额的，这就不仅需要具有各种要素的市场形成机制，还需要具有市场中不同因素间的竞争规则以及市场中良好的信用制度。

从政府层面的宏观方面来看，政府需要加大对农村金融的政策支持，制定适合农村金融发展的特殊政策，以不断拓宽融资渠道的方式，通过税收优惠、财政贴息、政府担保以及财政补助等多种手段和多种方式，引导更多的信贷资金投入到农业经济和农村生产方面，从而逐步建立由市场主导和政府扶持相结合、财税政策与金融政策相结合的农村金融长效机制，以避免政府对农村合作金融的干预，实现将农村金融放归市场，实现合作金融的自主经营与自主管理。但是，从现实状况来看，由于制度改革的落后，当前农村金融体系并非很健全，而且具体的运作也并不规范，不仅难以支撑农村金融市场机制的发育和正常运行，甚至还可能将农村经济导向一种"坏的市场经济"的状态。也就是说，若政府直接或间接地控制农村地区的主要金融资源，运用行政手段去干预农村金融市场或是农村企业，垄断农村金融市场的要素价格或是市场准入机制，形成政府对于农村金融的地方保护，这些不良因素会危害农村的市场经济体制，会破坏农村金融市场的资源配置功能，还会造成农村金融市场中的"权力寻租"问题。所以，若希望得到一个良性的农村金融市场，就需要正确处理政府与市场的关系。也就是说，需要作为"制度供给主体"的政府在正确处理农村金融发展的过程中发挥恰当的作用，正确定位自己的职责，提供有效的制度安排，从而能够在更深的层次上进行深化改革，为加快农村金融改革提供更夯实的制度保障基础。

如果从更深层面来看，中国农村金融改革的瓶颈实际上是以农民为主体的互助金融组织与制度的缺失（陈雨露，2010）。在新农村金融体制改革中，必须打破农村金融市场的垄断，建立正规金融与非正规金融之间的良性互动关系。而政府的主要作用就体现在：一是需要创造一个合理的农村金融组织发展环境，打造良好的金融生态环境，使政府对农业及农业信贷的直接干预处于合理界限内；二是需要维护农村金融市场的稳定与发展；三是需要建立农业和农村部门与其他部门公平竞争的市场机制，在法律、政策、资金等方面为新型农村金融组织提供有力支持。

8.1.3 坚持农村金融发展的市场化方向

从我国农村金融改革的经验来看，我国农村金融改革的主要集中力都在政府补贴方面。因为我国历史上属于农业大国，传统的思维告诉我们粮食是很重要的，农业也是很重要的，所以需要对农业进行优惠，从而也就对农业、农村和农村给予较低的利率。就农村利率的市场化改革来看，利率市场化支持了当地经济发展和社会进步，农村金融机构的盈利能力也在不断提高，获得了很好的经济利润。但是农村利率市场化带来的负效应也是不可避免的。这是因为：

（1）垄断基础上金融市场的自由价格决定权带来的是社会福利的缺失以及金融市场效率的损失。新型农村金融机构成立之后，随着国有商业银行在农村地区业务的大幅度缩减，农村信用社逐渐垄断了农村金融市场的资金供给。而由于垄断的存在，必然会出现寻租行动的套利活动。在分割的市场状态下，极大的利率差异客观上提供了资金套利的机会，但由于这种套利是在资金总供给不足的状态下发生的，所以它意味着利差不会逐渐消失。分割市场并不是促进资源有效流动的市场，资金套利的机会，更多的是体现一种利差寻租——套利机会只属于那些拥有更多关系资源和信息优势的人。利率市场化大幅提高了垄断利润，打破垄断市场的唯一途径就是扩大农村金融市场的竞争主体。所以，低利率以及强调信贷补贴的农村金融政策会带来农村金融机构积累不良资产，而且也会导致农村金融的需求得不到足够的满足。

（2）利率市场化的改革方向会带来影响。对农村金融市场来说，放开利率具有十分重要的含义，因为向农户和农村企业提供服务是需要更多成本的。所以只要弥补这些成本，才会促使农村金融机构更好地为农民、农业经济发展以及农村企业提供服务。同时，鉴于农业发展具有一定的脆弱性，政策对于农业的相应扶持还可以采取一些较为特殊的措施，不宜采取直接干预金融市场价格的手段，例如，对农村人口的直接补贴可能会比农村金融机构进行补贴更加具有时效性。由于市场的分割和垄断，高利率驱逐低利率会导致明显的"挤出效应"。这个"挤出效应"，是指非正规金融通过高利率聚集储蓄的方式把农村资金高度集中，使正规金融（如信用社）借贷无法达到平衡，从而导致正规金融撤销网点，自动退出农村金融市场的现象。由此可见，在广大的农村地区，非正规金融对正规金融的潜在的生存威胁是不可忽视的。如果高利率与低利率长期维持"挤出效应"，而且低利率得不到外部补贴，就只能退出农村金融市场。加快推进利率市场化，进一步完善和利用市场机制，促进金融基本功能的有效发挥。

（3）农村利率市场化改革同样需要国家货币政策的配合。张军（2004）通过考察浙江省苍南县农村信用社利率浮动改革的实践发现，尽管利率浮动改革对当地的农村金融市场、农村金融机构、农户、农村中小企业和民间金融的信贷行为都产生了一定程度上的积极影响，但同时也暴露了现行货币政策的局限性以及相应改革措施的不配套等问题。因此，利率浮动改革还不能从根本上解决当前农村金融不能满足"三农"发展需要的问题。所以，必须放宽市场准入政策。一方面需要促进农村经济投资主体资格的多元化，在新型农村金融组织建设的初期，可以进行制度方面的探索，在保障基本农村金融安全的基础上，给予非银行机构平等参与村镇银行和小额贷款公司建设的机会；另一方面则需要降低注册资本准入，对于欠发达地区，过高的注册资本要求会成为设立负担，影响新型农村金融组织的发展，因此可以考虑适当降低小额贷款公司的资金限制。

（4）需要创新利率定价机制。建立科学的贷款定价机制，规范贷款利益定价行为，逐步建立以成本效益为基础、以市场价格为主导、以降低利率风险和提高综合收益为目标的贷款利率定价体系。2012年6月7日，中国人民银行决定在次日下调金融机构的人民币存贷款基准利率，而一年前的存贷款基准利率均下调0.25个百分点，其他的各档次存贷款基准利率以及个人住房公积金存贷款利率也会相应调整。这意味着中国利率市场化的大方向还没有变化，有利于更好地发挥利率杠杆对经济金融资源的优化配置作用。

8.1.4 强调区域实际，因地制宜发展新型农村金融组织

农村金融改革是一个很复杂的事情，其包含的内容也是非常丰富的，不会存在一个适合所有地区的统一模式，所以就需要从不同的农村地区和不同的农业发展状况的实际出发，针对当地的实际状况制定不同的发展策略。尤其是对于我国这种农业大国，东、中、西部农村的经济发展状况差距非常明显，尤其是东部地区和西部地区间存在的差异，是非常大的。为此，我国就需要在发展新型农村金融组织时充分考虑这一现实问题，按照不同地区农村的实际差异设计不同或者局部不同的金融组织类型。例如，在经济发达以及商业流通性较为活跃的东部农村地区，就需要广泛建设村镇银行的农村金融组织类型，以发挥这种新型农村金融组织的多元化的金融服务功能；在经济还不够发达，但是具有充分发展潜力的中部农村地区，则可以设立小额贷款公司，以满足当地相对的实际资金需求；在经济相对落后地区的西部农村，就要设立适宜发展的农村资金互助社，这是因为农村资金互助社设立成本低，在信息对称和业务监督上又具有优势，便于弥补金融服务空白，为广大农民提供更好的金融服务。

8.2 完善农村新型金融机构法律制度

农村金融法制的发展变迁要反映和满足农村金融市场的现实需求，服务于农村金融市场的可持续发展。而诺斯（1994）认为，路径依赖理论告诉我们"历史是至关重要的"，所以人们过去的选择决定了现在可能的选择。农村传统金融体制有着很强的路径依赖，集中体现在对旧体制的过度依赖方面。改革开放以来，我国农村金融的法律法制体系相对较为滞缓，农村金融机构发展的主要法律依据只有少数诸如《商业银行法》等法律法规，一些制度改革仍然是在原有框架内优化和改进的，虽然涉及政策金融、商业金融以及合作金融等多个领域，但都是在沿袭旧体制内正规金融压制体制外非正规金融的路径依赖，无法全面满足农村金融服务的多元化需求。这种缺乏农村金融发展针对性的制度设计，一定程度上成为导致我国农村金融发展滞后的一个重要因素。

8.2.1 打破农村金融立法的路径依赖

路径依赖（Path Dependence）最初由生物学家古尔德（Could）提出，应用于生物的演进路径，后来被借鉴到技术、历史及制度的研究当中。道格拉斯·C. 诺斯（Douglass C. North）将大卫·保罗及阿瑟等人用于分析技术变迁的路径依赖方法，引入到制度变迁的研究中，形成了制度变迁中的路径依赖分析框架。诺斯认为，制度变迁同样存在着报酬递增和自我强化的机制，一旦走上某条路径，会在既定方向的发展中得到自我强化，从而形成对变迁轨迹的路径依赖。正是路径依赖的存在导致一些制度安排的高效率，同时也会存在一些低效率的制度安排。

从经济学角度看，规模收益决定了制度变迁的方向，并常常处于某种无效率状态。制度变迁的路径依赖是由制度的收益递增所决定的，既定的制度结构形成了某种获利机会，同时也产生了相应的利益集团和组织。传统农村金融体制能够为作为"理性经济人"的地方政府及金融机构官员带来好处，使得他们成为旧体制的既得利益者。传统农村金融体制的长期运行，造成了市场机制不健全、市场主体效率低下现象，而制度创新就是打破垄断、约束权力、建立经济新秩序，这势必会影响既得集团的利益，利益集团就会按照自身利益最大化原则采取行动，通常是通过游说行贿等各种手段来阻碍制度的变迁，使得制度维持在"锁定状态"，导致原有的低效制度变迁路径继续演进。

在我国农村新型金融机构的发展中，路径依赖特征依然存在。例如，在对于村镇银行和小额贷款公司的一些规定中，就体现出较多的路径依赖问题，主要表现为这些新型农村金融机构对民间资本的限制较多。因此，加大改革力度，打破路径依赖，对推动中国新型农村金融机构的发展具有重要的意义。

8.2.2 建立完善的农村金融法律框架

在一个不完全市场中或是在不完全信息条件下（现实也正是如此），有可能会出现一些更具效率的制度由于信息不对称而不被采纳的现象，从而导致一些经济绩效较差的制度长期存在。因此，在制度变迁过程中必须果断打破制度锁定状态，这其中必不可少的一个环节就是完善相关法律制度。

1. 新型农村金融机构法律框架

2006年，银监会发布了《调整放宽农村地区银行业金融机构准入政策的若干意见》，首次允许产业资本和民间资本到农村地区新设银行，并提出要在农村增设村镇银行、贷款公司和农村资金互助社三类金融机构。此次新一轮农村金融体制改革的理念是具有创新性的，而最大的特征就是进一步开发了农村金融市场，降低了新型农村金融机构的市场准入门槛，而且一些具体的金融机构法律法规也相继出台，共同构成了新型农村金融组织的法律架构，为我国农村金融市场的发展开启了新篇章。总体来看，我国农村新型金融组织的相关法律规定呈现出以下特点：

（1）立法目标明确。我国农村新型金融机构相关立法具有较强的针对性，突出解决了当前农村地区银行业金融机构发展缓慢、覆盖面窄及垄断特征明显等现实问题。当然，作为农村金融的增量改革，其立法还有很多不完善的地方，但也体现了农村金融立法的探索性特征。

（2）准入门槛相对宽松，注册资本金大幅降低。降低农村金融机构准入门槛和资本金的要求是增加农村金融市场里面中小金融机构的一个重要前提，因此在新型农村金融机构的相关法律法规中，相应规定对于最低注册资本的要求已经较《商业银行法》的相关规定大幅度地降低了。例如，根据相关规定，设立全国性商业银行的注册资本的最低限额为十亿元人民币，设立农村商业银行的最低注册资本的限额也为五千万元人民币，而且必须是实缴资本，但是在乡（镇）设立农村资金互助社，其注册资本只需要不低于 30 万元人民币即可，而在行政村设立农村资金互助社，其注册资本也只需要不低于 10 万元人民币即可。但在现实中，农村资金互助社却并没有得到追捧。截至 2011 年年底，全国在银监会注册备案的农村资金互助社仅有 50 家，现有的农村资金互助组织大多还没有拿到金融业务经营许可证，缺乏合法性。因此，在农村资金互助社发展过程中要切实降低农村资金互助社的准入门槛。

（3）新型农村金融机构中的股东资格与持股比例具有限定，而且部分类型的新型农村金融机构对民间资本的限制也较多。当前，中国新型农村金融机构的立法体现出了开放民间资本的意图，但也在一定程度上体现出了对原有路径的依赖。例如，规定小额贷款公司和资金互助社的单一股东持股比例一般不得超过注册资本总额的 10%。而在现行制度框架下，民间资本也无法以大规模通过参股村镇银行的方式为当地的金融需求者提供信贷资金。

（4）农村新型金融机构资金来源受到一定的限制。当前的法律对我国新型农村金融机构的资金来源进行了明确规定，一方面小额贷款公司"只贷不存"，不允许吸收存款，而且资金来源限制最多，虽然这有降低风险的考虑，但也极大地限制了小额贷款公司的扩张和竞争，降低了资金的流动性，加大了小额贷款公司的经营风险；另一方面农村资金互助社虽然可以吸收存款，但只能是社员存款。

2. 农村金融立法的路径选择

农村金融立法的路径选择，比较可行的是：一方面，坚持制度的自然演进，即在充分考虑中国农村的实际金融需求的情况下确定行之有效的制度安排，而不是另外去创设一套看似完美却不符合实际情况的规则；另一方面，也需要有一定的前瞻性，通过不断创新走建构主义道路，即重造一种更理性化、更能满足未来农村金融市场发展的金融法律制度。由于农村金融配置资源的特殊性，最适当也是最好的法律制度就是自然演进和建构主义相结合的方式，即尊重市场自发形成的规则，而政府的职责就是保证这些规则更加明

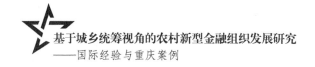

确以及更加严密，并且向市场以及新型农村金融机构提供行之有效的保障机制，而且需要在风险可控的前提下逐步将制度进行创新。

8.3 中国农村新型金融组织的具体制度创新

8.3.1 产权制度创新

1. 产权制度及其冲突

产权是经济所有制关系的一种法律表现形式，包括财产的所有权、占有权、支配权、使用权、收益权以及处置权等，在市场经济条件下，产权的属性主要表现为产权的经济实体性、可分离性以及独立性，而功能包括激励功能、约束功能、资源配置功能及协调功能。产权归属明晰是市场经济的一个基本要求，有利于激励机制的构建，具有预期性和持久性。

而产权制度，则是指既定产权关系和产权规则结合而成的，且能对产权关系实现有效的组合、调节和保护的制度安排，最主要功能在于降低交易费用，提高资源配置效率。诺斯认为，只要财产权是明确的，并且交易成本为零或者很小，那么无论在开始时将财产权赋予谁，市场均衡的最终结果都是有效率的，实现资源配置也是帕累托最优。因此，只有产权得到清晰的界定，而且得到了足够的保护，才能够产生有效促进经济增长的作用，所以规范的而且有效率的产权制度才是西方发达国家经济增长的基础。从农村金融市场发展状况来看，产权制度是激励农村金融市场发展的原动力，有效的产权制度能有效促进农村金融市场发展，界定清晰的产权会减少搭便车行为，为技术创新提供动力，也有利于提高资本使用效率。陈天宝（2005）对于产权制度对农村金融市场发展的作用的概述如图 8-1 所示。

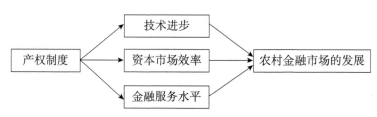

图 8-1　产权制度对农村金融发展的作用

当前农村金融机构对产权界定的模糊，导致了部分农村金融组织出现产权冲突的问题。在当前中国的农村金融产权制度下，由于产权唯一性主体的不确定，致使产权边界模糊，会容易产生产权的纠纷与摩擦的问题，从而导致在实际的运行过程中会出现产权主体多和部分产权主体"搭便车"的现象。由于中国农村金融资产的产权归属缺乏人格的载体，农村金融机构的负责人就会缺乏自主性，使得他们不是农村金融机构的真正利益主体，造成发展农村金融机构的动力不足，而且这些负责人的角色和行为也并非是以市场为导向的，很难具有一定的竞争意识以及创新意义，会导致农村金融机构的资源利用效率无法达到最高，再加上"软约束"所导致的高负债以及低效率的运营管理，会形成较大规模的沉没成本，反而会给中国的农村金融机构的发展造成不良的影响。因此，中国农村金融机构的发展就需要注意产权明晰的问题，需要给予农村市场主体应有的选择权，制定较为合理的农村金融制度的框架，构建一个有效以及公平的市场环境，逐步将由政府主导的"制度性攻击"向市场主导的"制度性需求"进行转变。同时，在引进社会资本的时候，需要保持国有商业银行在产权多元化后国家的控股地位，还需要能够改善单一产权结构条件下的商业银行治理结构与运作机制。未来的新型农村金融组织的创新，必须反映农村金融需求的要求，通过政府的推动和市场体系的培育，逐步形成政府监管与市场内生动力的一种有机结合，从而最大限度地促进农村金融基本功能的发挥。

2. 促进农村金融市场产权明晰的具体措施

近年来我国农村金融改革已取得了明显成效，但产权关系不明确仍是制约农村金融发展的主要问题。促进产权明晰的具体措施包括：

（1）需要明确农村新型金融组织的产权的归属，即明确谁是委托主体。对原有资金构成情况进行清理与核实，凡能明确资金持有人的要明确到具体持股人名下，在明确产权的基础上需要建立各方之间相互制约的经济利益关系。

（2）需要在明晰农村金融组织现有产权归属的基础上增资扩股，实现股权结构的多元化，积极吸收民间资本参股农村金融组织。我国 2006 年中央 1号文件明确指出，需要引导农户发展资金互助组织、规范民间，提高董（理）事会、管理层、监事会成员入股份额，使董（理）事会决策、管理层执行、监事会监督与其自身利益捆绑，从而调动工作积极性与主动性，达到"权责清楚、运转高效、内控有力、经营良好"的目的，使农村金融充满生机和活力。当前，民营经济的最大的制度瓶颈就是融资体制，无论是银行贷款，还是企业上市融资，民营企业从正常渠道很难获得融资支持，存在明显的制度歧视。因此，必须加大对民营企业发展的金融支持力度，拓宽民营企业的融资渠道，鼓励发展民营金融机构，特别是专门服务于中小民营企业的金融机构。民间资本参与的农村金融组织自身能够获得良好的发展，是以国有资本和非国有资本享有平等权利为前提的。保证非国有资本微观主体的平等竞争权利有利于促进竞争的实现和经济效益的提高，最终实现包括国有和非国有资本在内的整个农村金融体制的完善和发展。从民间资本参股农村金融组织的政策支持上，要通过有效制度安排重建市场主体的平等竞争关系，提升民间资本参与农村金融市场的发展空间。

（3）需要积极探索抵押以及质押等的发展方式。例如，探索养殖品的使用权、经营权、经济林权、订单、动产抵押、权利等作为抵质押品的模式以及探索农舍抵押、农机具抵押、门店抵押以及商家协会联保等新型贷款方式（曹艺等，2009）。

8.3.2 完善农村新型金融组织的法人治理结构

1. 农村金融机构的公司治理架构

高效及健全的法人治理结构是农村金融机构健康发展的前提与基础。完善的公司法人治理结构的核心就是确保金融组织治理的有效性，形成权责明确、管理高效的组织架构，提升农村新型金融组织治理的有效性，包括股东民主管理、董事会综合决策、管理层坚决执行、监事会强化监督，将新型农村金融组织真正建设成为"自主经营、自我约束、自我发展、自担风险"的市场主体，为农村金融市场的稳定发展提供坚实的组织基础。

图8-2显示了农村合作金融机构的基本架构。可以看出，建立符合农村合作金融机构的实际就是建立一种公司治理的架构，这就需要立足新型农村金融组织机构发展的实际，促进一种以可持续发展为目的，逐步将新型农村金融机构建立为"资本自聚，经营自主，风险自担，盈亏自负"的市场主体。

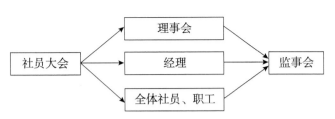

图 8 − 2 农村合作金融机构控制结构基本框架

在治理结构中，新型农村金融机构的组织结构及其职责也各有特色。其中，村镇银行对于银行的董事会制度、行长及副行长以及各种专业委员会的设立并没有严格的规定，这就为村镇银行的治理机构的创新与多元化提供了一个可以发挥的空间，也就是说，既可以采用传统的董事会领导下的行业负责制，也可以采用扁平化的管理模式，这是完全根据自身的实际情况而决定的。而不同类型的治理机构，也是可以适合不同类型新型农村金融机构的经营管理和监督的不同需要。下表为浙江省两家村镇银行法人治理结构组成。

浙江省两家村镇银行董事会、监事会和经营管理层构成

名称	董事会	监事会	管理层
玉环永兴村镇银行	萧山农村合作银行3人，玉环股东企业2人，玉环农村信用联社1人，萧山股东企业1人；董事长由萧山农村合作银行一位副行长兼任	股东企业委派2人，职工监事1人；监事长由股东企业委派的一名监事担任	行长1人；副行长2人；职能部门4个：业务发展部、风险管理部、营业部（中心）、综合办公室
长兴联合村镇银行	杭州联合银行3人，长兴股东企业3人，杭州股东企业1人，董事长由联合银行一位副行长兼任	股东企业委派2人，职工监事1名；监事长由股东企业委派的一名监事担任	行长1人；副行长3人；职能部门6个：业务发展部、风险管理部、营业部（中心）、综合办公室、计财部、业务管理部

资料来源：根据实地调研资料整理。

2. 健全股东（社员）代表大会、董（理）事会和监事会

完善符合农村新型金融机构实际的公司治理架构，最重要的是建立健全包括农村金融机构的决策机构、执行机构和监督机构的内部组织机构，即健全农村金融机构的股东（社员）代表大会、董（理）事会以及监事会。当

前，由于受到产权不明导致利益主体虚置和"官本位"等传统思想的长期束缚，导致了农村金融机构的"三会"制度缺乏执行力。同时，理事会的民主决策机制薄弱，监事会对理事会决策的监督缺乏制约。因此，就需要改变当前金融机构中常有的董事长与行长二职一肩挑的状况，拒绝集决策权以及执行权于一身的局面，并逐步完善独立的董（理）事制度，从而充分地发挥独立董（理）事的作用，形成权力制衡的有效内部约束机制。此外，还需要建立健全新型农村金融机构的组织架构，厘定清晰的职责边界，制定实施科学的发展战略与价值准则，推行合理的激励约束机制。

8.3.3 重构农村金融监管体系

近年来，我国逐步放松了对农村金融机构市场准入条件的限制，鼓励外资、民间资本进入，但监管体系缺失，监管制度不健全，农村金融市场仍然存在较大隐患。

1. 金融监管

金融监管是一个复合概念，其中"监"是监督，"管"是管理，内含金融监督和金融管理的双重属性。风险控制机制的缺失对于脆弱的农村金融组织来说十分关键，从金融监管的内容来看，金融监管可以分为对金融机构市场准入的监管、市场运作过程的监管及对市场退出的监管三方面。从监管主体看，主要包括政府监管、股权所有者和经营者监管、自我监管以及相互监管。

现有金融监管理论主要围绕着三个方面来展开，即为何需要金融监管、监管什么以及如何监管。从已有文献看，人们对于金融监管的认识是伴随着对政府（国家）的认识而不断深化的。从西方发达国家的银行业结构状况来看，银行业属于信息不对称的寡头竞争行业。其中，信息不对称会导致道德的风险问题以及"搭便车"问题，而道德风险的存在可能会使得高负债经营特质的商业银行为了追求更高的利润而从事更高的风险经营业务，但是经营失败则会影响商业银行的清偿能力和流动性。商业银行支付体系的稳定性与否会危及整个国家的宏观经济的运行状况，并且对其他的贸易国家产生外溢的影响，甚至会产生世界性的金融问题。所以说世界各国都会对银行业进行严格的监管（谢玉梅，2007）。

高效的农村金融机构不仅要求资金融通循环畅通，更要求能够有效控制风险，防止不良贷款率的提高。由于我国新型农村金融组织机构的发展时间短，从业人员专业素质偏低，内部系统风险控制机制不健全，一定程度上加剧了金融风险的积累，也增大了调控风险的难度。加上金融系统的体系化，还会殃及其他金融机构，从而会通过资金链条传递，进而危及整个农村金融系统的安全和稳定。

2. 强化新型农村金融组织的监管问题

由于新型农村金融机构较为分散而且并没有形成系统，所以其抗风险的能力就较弱，因此在安全性方面需要重点突出保证新型农村金融机构中股东或是社员的合法利益，从而保护整个农村金融体系的稳定，避免出现区域性的风险。同时，由于新型农村金融机构性质的局限，对于新型农村金融机构的经营方向就需要根据严格的监管，保证监管机构确保新型农村金融机构坚持为农村经济发展以及农村人口的创富提供足够的服务。

金融监管机构需要依法进行监管，而并非对新型农村金融机构进行领导。也就是说，需要明晰金融监管机构的职责，不允许金融监管机构以任何借口直接干预农村新型金融机构的正常经营。所以，强化金融监管手段就是提高农村金融监管水平的重要途径。农村新型金融机构的优势在于规模小与业务简单，监管成本较低，但是农村新型金融机构由于各种原因，抗风险能力也差，一定程度上存在着较大的经营风险。因此，必须高度重视农村金融机构的监管制度建设。

3. 建立风险分担机制，健全政府对农村金融机构的风险处置制度

首先，需要建立存款保险制度。存款保险制度是在金融体系中设立存款保险机构，采取强制或自愿的方式吸取农村金融机构缴存的保险费，建立存款保险准备金后，一旦投保人遭受风险事故，就可由保险机构向投保人提供财务援助或由保险机构直接向存款人支付部分或全部存款。为避免农村金融机构在资金紧张的情况下过度依赖央行，应该允许存款保险机构从货币市场拆借资金，保证存款保险机构的资金需要，从而保证农村金融机构的正常运营。

其次，需要建立农村金融机构接管制度。财务困难、濒临破产但有继续经营价值的农村金融机构，监管是对其风险处置的一种有效方式。通过对农

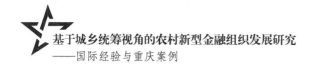

村金融机构的监管，避免经营有严重风险的农村金融机构资产质量下降，以保护存款人和其他债权人的利益，保证农村金融机构的可持续发展。

4. 实现农村金融监管法制化

必须加强对现有监管法律法规和制度办法的修改和完善，以法律形式明确规定农村金融机构的设立原则和管理监督程序，使农村金融机构成为产权清晰、治理完整，管理科学、经营稳健的现代金融企业。另外，要严惩农村金融领域的违法违规行为。凡是扰乱农村金融秩序和由于违规操作，并给国家、金融机构和其他利益相关者造成重大损失者，都要给予相应的法律制裁。

8.4 本章小结

农村新型金融组织在中国的试点时间虽然较短，但是却得到了一定的益处，也就是说农村新型金融组织的发展有利于农村金融市场的发展，从而可以推动农村经济的发展。因此，本章重点讨论了农村新型金融组织在我国农村地区实践中的发展路径，研究发现：

（1）从农村新型金融组织发展的总体路径来看，首先需要推动制度变迁、促进农村新型金融组织的发展；其次需要打破农村金融市场的垄断；再次需要坚持农村金融发展的市场化方向；最后需要强调区域实际、因地制宜地发展新型农村金融组织。

（2）从完善农村新型金融机构的法律制度来看，首先需要打破农村金融立法的路径依赖，其次需要建立完善的农村金融法律框架。

（3）从农村新型金融组织的具体制度创新来看，首先需要创新产权制度，促进农村金融市场产权的明晰；其次需要完善农村新型金融组织的法人治理结构；最后需要重构农村金融监管体系。

9 农村金融行为与新型金融组织的实证分析：重庆案例

解决农民增收问题是统筹城乡发展的重要内容。实现城乡良性互动，逐步削弱城乡二元结构。这就需要加快县域经济的发展，特别是县域内民营中小企业的发展。而要实现这一点，关键在于改善融资环境，在金融政策上积极鼓励发展县域中小金融机构，为实现城乡良性互动提供金融支撑。为此，除了原有金融机构创新金融产品和服务方式，拓宽信贷资金支农渠道外，还应积极培育和发展中小金融机构，特别是地方性的中小银行、区域性的金融公司，为农村经营主体融资创造良好的外部环境（张迎春，2004）。农村金融改革应在我国金融改革的整体框架下进行。由于中小金融机构在农村劳动力转移、农村产业结构调整和农村社会保障体系中地位重要，因此大力发展中小金融机构对农村经济发展有着重要的意义。农村的经济发展，都需要在现有的以四大国有银行、农村信用合作社及邮政储蓄为主的金融渠道之外新增加很多其他中小型金融制度安排（林毅夫，2004）。由于农业具有生产周期长、农产品收益波动大及资金需求零散等特点，普通的商业金融缺乏进入农村金融市场的动力。再加上农村信用合作社支农投入相对弱化、农业发展银行主要为粮棉油收购等大额项目提供贷款、邮政储蓄银行只存不贷等情况，导致农村资金外流、中小企业和农户生产资金需求得不到满足的问题严重。要改变这种局面，加快农业和农村发展，必须进一步深化农村金融改革，扶持村镇银行、小额贷款公司、资金互助社和粮食基金会等农村新型金融组织发展，形成多层次、广覆盖及可持续的农村金融体系（郑骏川，2012）。

2006年12月，银监会出台了《关于调整放宽农村地区银行业金融机构准入政策更好支持社会主义新农村建设的若干意见》，允许农村地区的农民和农村小企业，发起设立为入股社员服务、实行社员民主管理的社区性信用合作组织——农村资金互助社。从 2007 年起，村镇银行、小额贷款公司和资金互助社三类新型农村金融组织开始在四川、内蒙古、甘肃、贵州、山西等中西部地区集中试点，目前已取得了一定成绩。银监会规划在 2009—2011 年，在全国设立 1000 多家新型农村金融机构，切实解决农村金融服务的不足。随后银监会又出台了《农村资金互助社管理暂行规定》，公布了《农村资金互助社示范章程》，指导农村资金互助社走向规范化道路。对于银行业的重组与兼并也给予了宽松的政策，并鼓励开设分支机构到偏远的农村地带。在农村地区设立农村资金互助社、村镇银行和小额贷款公司这三类新型金融机构，对激活农村金融市场、完善农村金融体系和改进农村金融服务必将产生深远影响。

中国金融史上出现的三种新型农村金融机构，进一步丰富完善了金融组织体系，激发了农村金融体制机制的创新活力，有竞争、有合作的农村金融市场开始形成。随着国家对新型农村金融组织建立的重视，并于近五年相继推出了相关重要决策和制度，新型农村金融组织在全国如雨后春笋般快速建立，重庆市作为西部重要城市也不例外，因此本部分将在分析重庆市农村金融基本状况的基础上，重点分析重庆市三类新型农村金融组织的状况。

9.1 重庆市金融市场及农村金融基本状况

9.1.1 重庆市金融市场基本状况

2011 年对重庆市主要银行机构统计表明，商业银行市级分行有 43 家，下设支行 2013 家，下设分理处 2100 家，储蓄所 54 家，村镇银行 19 家。金融机构存贷款年末余额逐年呈现迅猛上升势头，总体高于生产总值的增长。2011 年各项存款余额达到 15832.81 亿元，贷款余额达到 13001.39 亿元，个人存款余额达到 7045.99 亿元，个人贷款余额达到 3291.40 亿元（见表 9 - 1 与表 9 - 2）。

表 9 - 1　　2000—2011 年重庆市金融机构（含外资）存贷款年末余额　　单位：亿元

年份	存款余额	企业存款	储蓄存款	贷款余额
2000	1904.71	645.54	1085.36	1881.29
2001	2294.05	750.81	1317.17	1871.98

续　表

年份	存款余额	企业存款	储蓄存款	贷款余额
2002	2821.04	909.43	1595.01	2244.72
2003	3438.61	1098.15	1896.56	2774.81
2004	4039.61	1230.85	2189.73	3246.28
2005	4727.72	1337.05	2545.85	3719.52
2006	5519.75	1551.98	2949.05	4388.28
2007	6576.68	1997.71	3228.15	5131.69
2008	8021.95	2377.48	3988.96	6320.81
2009	10933.00	3770.43	4908.68	8766.06
2010	13454.98	4666.88	5839.66	10888.15
2011	15832.81	8254.56	6990.25	13001.39

资料来源：重庆市 2012 年统计年鉴。

表 9 – 2　　2000—2011 年间重庆市金融机构存贷款年末余额环比指数　　　单位：%

年份	存款余额	企业存款	储蓄存款	贷款余额	生产总值
2000	—	—	—	—	—
2001	20.4	16.3	21.4	- 0.5	10.4
2002	23.0	21.1	21.1	19.9	12.9
2003	21.9	20.8	18.9	23.6	14.5
2004	17.5	12.1	15.5	17.0	18.7
2005	17.0	8.6	16.3	14.6	14.3
2006	16.8	16.1	15.8	18.0	12.7
2007	19.1	28.7	9.5	16.9	19.7
2008	22.0	19.0	23.6	23.2	23.9
2009	36.3	58.6	23.1	38.7	12.7
2010	23.1	23.8	19.0	24.2	21.4
2011	17.7	76.9	19.7	19.4	26.3

　　如表 9 – 3 所示，重庆市大中小型企业人民币贷款呈上升趋势，但农林牧渔业占企业贷款总额的比重很低。其中，小型企业贷款相对大中型企业明显偏高。

表9-3　　　　　　重庆市大中小型企业人民币贷款情况统计　　　　单位：亿元

项目	大型企业贷款		中型企业贷款		小型企业贷款	
	2010年	2011年	2010年	2011年	2010年	2011年
境内企业贷款合计	3228.87	3527.76	2840.96	3124.64	1244.70	1994.21
农、林、牧、渔业	17.45	13.72	24.76	47.14	163.48	168.02
占比	0.5%	0.4%	0.9%	1.5%	13.1%	8.4%

资料来源：重庆市2012年统计年鉴。

9.1.2　重庆市农村金融基本状况

2011年，本书通过实地调研，对重庆市农户金融行为进行了走访式调查。本次调查共发放问卷1000份，收回有效问卷783份。调查对象分布面广，涉及重庆市的合川区、万州区、涪陵区、江津区及潼南县五个区县，样本主要分布在农业比重比较大、经济相对落后的区域，这几个区域分别占样本总数的25.7%、23.5%、20.8%、16.3%、13.7%。调查涉及农户共783户，总人口3813人，其中高中及以上文化程度的937人，初中文化程度的1538人，小学文化程度的1166人，文盲172人，分别占总人口的24.6%、40.3%、30.5%、4.51%。经统计分析发现重庆市的农村金融尤其是农户金融行为具有以下特征：

（1）农户资金借贷数量较小，借贷活动较少。农户没有借贷行为的占到了20.3%，借贷在3000元以下的占到了48.4%，3000~5000元占了22.2%，而5000元以上占了9.1%。所有调查农户中，有少部分农户借贷较为频繁。导致这一结果的可能原因，一方面在于农户受教育程度偏低，基本没有经商的能力，对商业的投入需求很小，加之收入不高，大额投入需求较少；另一方面在于家庭主要成员外出务工，有一定的收入来源，可以保证基本的生活生产需求。

（2）民间借贷是满足农户借贷资金需求的主要途径。向亲戚朋友借钱占主体地位，比例达到63.2%，其次是小额贷款公司，占到10.7%，小额贷款公司和村镇银行的出现为农户贷款提供了大好前景，农村信用社和商业银行所占比例不大，农村资金互助社发展任重道远。民间借贷由于其借贷手续简单、违约风险小、交易成本低等优点，构成了农户金融现实需求的主体。首先，农户对小规模信贷的大量需求客观上要求融资过程的灵活、方便和快捷；其次，由于正规金融机构借贷门槛较高、手续复杂、贷款期限短、服务体系不完善等，造成农民在借钱时往往青睐于向亲戚朋友邻居等借钱（见表9-4）。

表9-4　　　　　　　　农户借钱对象的分布　　　　　　　　单位:%

借钱对象	亲戚朋友	农村信用社	农村资金互助社	商业银行
比例	63.2	8.4	4.3	0.8
借钱对象	村镇银行	小额贷款公司	民间放贷者	其他
比例	6.1	10.7	4.2	2.3

（3）农户借款用于生产资料、教育和医疗的较多。借款主要是用于生产资料购买的，占34.5%，其次是用于教育投入的，占20.6%，再次用于医疗费的，占19.9%，用于生活资料购置的，占18.9%，用于其他的占6.1%。可以看出，基本生产资料、子女教育和医疗的支出占了较大比重。主要原因，一是农村社会保障制度比较欠缺，如遇到灾荒、疾病、婚丧嫁娶、子女上学等问题，需要较大支出，经常会超出农户支付能力；二是近年来农村经济市场日趋兴旺，农产品价格逐渐增高，对农业生产资料的投入需求日趋增大，仅靠农民收入不能保证对农业生产资料的需求，需要一定的资金周转。

（4）农户贷款意向不大，贷款意向对象主要是亲戚朋友。有贷款意向的农户为206家，占调查农户的26.7%，无贷款意向的为577家，占调查农户的73.7%。向亲戚朋友借钱的比例最大，占到63.2%，其次是小额贷款公司，而向正规金融机构贷款的比例偏小。有借款意向农户的借钱对象主要还是亲戚朋友，对新型金融组织的贷款意向有了明显提高（见表9-5）。

表9-5　　　　　　　　有借款意向农户的借钱对象

对象	亲戚朋友	农村信用社	农村资金互助社	商业银行
数量（家）	87	16	8	4
比例（%）	51.4	9.5	4.7	2.4
对象	村镇银行	小额贷款公司	民间放贷者	其他
数量（家）	23	11	15	5
比例（%）	13.6	6.5	8.9	3.0

（5）信用社和农业银行是样本农户存款机构的首选。如表 9 - 6 所示，选择农村信用社的有 528 户，占所有被调查农户的 39.7%；选择商业银行的有 429 户，占 32.2%；选择邮政储蓄的有 282 户，占 21.2%；选择村镇银行的有 28 户，占 2.1%；选择民间放贷者的有 16 户，占 1.2%；选择放在家里的有 48 户，占 3.6%。显然，农户对大的正规金融机构有强烈的存款偏好，一是由于对大的正规金融机构的信任；二是受以往存款地选择惯性的影响；三是金融机构网点的覆盖面、远近和便利程度的影响；四是城镇化率的提高和交通的便利，使得农户选择大的正规金融机构存款不再是难事。尤其需要注意的是，选择村镇银行的有 28 户，比例很小，一是由于重庆村镇银行是一个新型金融组织，网点还没有铺设开；二是农户对其认识还有一个过程。但至少已有农户开始对其进行了选择，是一个可喜和可以期待的现象。

表 9 - 6 农户对存款机构的选择

存款机构	农村信用社	邮政储蓄	商业银行	村镇银行	民间放贷者	家里
户数（户）	528	282	429	28	16	48
比例（%）	39.7	21.2	32.2	2.1	1.2	3.6

注：由于农户对存款机构有多个选项，所以总户数大于 783 家。

（6）农户的信用意识和保护意识十分强烈。在被调查的 783 户农户中，有 772 农户认为信用很重要，占 98.6%，有 9 户认为信用比较重要，2 户认为不重要，这说明农户的信用意识十分强烈。在发生了亲戚朋友借贷关系的 494 户农户中，379 户立了借贷字据，占 76.8%；仅有 115 户没有立借贷字据，占 23.2%，并且借款少于 3000 元以下的占了 72.6%。

（7）农户的信用总体表现良好。在被调查的 783 户农户中，没有拖欠借款的农户数为 642 户，占农户总数的 82.1%，曾经被拖欠的农户数为 141 户，占 17.9%，总体上看，农户的信用表现良好，这与孟加拉乡村银行的实践相吻合。主要原因：一是借贷关系主要是亲戚朋友，靠友情和亲情关系的维系；二是有借贷字据，对债务人的约束力很强；三是借贷额度不太大，借款的主要目的在于资金周转不灵，以农户现有收入基本可以还清；四是农户信用意识逐渐加强；五是贷款人对借款人的甄别也有一定关系。

（8）农户金融参与意识和参与程度很低，对现行金融体系和制度不了解。

在被调查的 783 户农户中，有 678 户知道农村信用社，但 767 户不了解农村信用社的性质，有 773 户不知道农村资金互助社，有 761 户不知道什么是小额信贷，有 770 户对小额信贷担保不了解。只有 2 户加入了农村信用社和农村资金互助社。这说明：重庆农户的金融知识极其缺乏，金融参与意识不高，不知道如何利用集体的力量来帮助自己；农民没有更多的闲余资金参与金融活动；农村金融组织对农民的宣传力度极其缺乏；农户对现有金融体系和金融制度已失去了兴趣和信心。

9.2 重庆市村镇银行发展状况及问题分析

9.2.1 重庆市村镇银行发展现状

按中国银监会规定，每个区县只能成立一家村镇银行，也就是说，整个重庆地区最多只能设立 38 家村镇银行。2008 年 9 月，重庆市成立了首家村镇银行——大足汇丰村镇银行，之后经过五年的发展，截至 2012 年 8 月末，重庆市组建了 24 家村镇银行，已经开业 23 家，而从业人员近 1000 人。其中，建设银行与工商银行发起设立的村镇银行各 1 家；浦发银行、民生银行与恒丰银行 3 家股份制银行共发起设立了 5 家村镇银行；汇丰银行与澳新银行两家外资银行共投资建立了 4 家村镇银行；哈尔滨银行、浙江稠州银行与浙江台州银行等城市商业银行一共发起设立了 12 家村镇银行。而来自重庆银监局的消息显示，2012 年下半年在长寿区和石柱县各分别设立了 1 家村镇银行。重庆辖内的村镇银行数量达到 26 家，覆盖重庆市除渝中区以外 70% 的区县。由此可以看出，城市商业银行还是重庆市村镇银行发起的主力军。但是以往对于农村金融市场"不太感冒"的国有大型商业银行，近年也开始加快了"进村"步伐。国有大型商业银行突然热于于扩张村镇银行的主要原因在于，一方面，前些年不少国有大型商业银行都撤并了县级网点，但随着近几年县域经济快速发展所带来的商机，国有大型商业银行就需要再次抢占县域市场；另一方面，以服务对象为小微企业和农村的村镇银行会享有更多优惠政策，例如，在 2009 年《关于当前调整部分信贷监管政策促进经济稳健发展的通知》中，允许村镇银行在成立 5 年以内逐步达到存贷比考核要求，为了享受这些优惠政策，不少商业银行愿意通过设立村镇银行的方式，代替开分支行进行扩张。

另外，国外金融机构以合资方式进入村镇银行市场，以其丰富的金融业务经验尤其是农村金融业务经验拓展农村金融市场。例如，中银富登村镇银行背后是全球知名金融企业淡马锡，而淡马锡在东南亚等地有丰富的农村金融业务风控经验。这些风控模式复制到重庆，也将给现有的村镇银行管理模式带来竞争和借鉴，如在产品研发创新和业务拓展上，将刺激更多村镇银行进行创新。中外合资村镇银行可以更好地结合合资双方优势，在渠道下沉、风险管控、产品设计等方面都有自己的特色。多类型村镇银行的进入将加剧该行业领域的竞争，降低涉农企业、特色农户融资和个人贷款成本。对于农村地区需要融资的农业中小企业和农业龙头企业来说，将会增大融资的选择空间，享受更低价的融资成本。

目前，重庆市已开业的村镇银行存款余额达到 50 亿元以上，贷款余额也接近 60 亿元，其中超过 2/3 的资金投向了"三农"和小微企业，呈现出业务规模快速扩大及盈利能力快速增强的良好态势。例如，江津石银村镇银行采取差异化的市场策略，集中信贷资源，以种植、养殖、加工、季节性收购业为资金投向重点，结合"三农"贷款短、频、快的资金需求特点，以"公司 + 农户 + 基地"等模式，解决了融资难题。该行还设计推出了许多富有特色的贷款新品种，不断满足农村金融贷款新需求。如针对农村的"五权"抵押贷款；针对农村种植户、养殖户、农副产品加工户的"农村专业户"贷款；针对农户及其合伙人的"农惠通"贷款；针对农户季节性经营的"季时雨"贷款等。该行通过推出特色的金融产品，先后为 70 多家农户提供了 3500 万元的资金支持，极大地解决了农户的融资难问题。江津石银村镇银行发放贷款就超过 5亿元，其中涉农贷款占比达 80% 以上。该行不仅扶持了一批小微企业，还带动近 1 万农户增收致富。该行先后与支坪商会、几江商会、鼎山商会以及微型企业协会等建立了良好的合作关系，搭建交流沟通平台。对 80 多家小微企业，通过企业间相互联保的方式，发放贷款近一亿元，解决了这些企业的融资难题。针对部分涉农企业创业之初抵押物不足、申请贷款担保难的问题，该行与绿丰信用担保有限公司签署协议，鼓励其为信用好、项目符合国家产业政策扶持的项目提供信用担保。在绿丰信用的担保下，江津石银村镇银行先后为五举酱菜、升良食品及力铎农业等 20 多家涉农企业提供贷款近 5000万元，帮助这些企业做大做强。

9.2.2　重庆市村镇银行存在的现实问题

重庆市村镇银行的发展还没有现成的经验可以借鉴，必然面临着很多制约因素，导致村镇银行在发展过程中出现了一些亟待解决的问题。

（1）村镇银行为农村金融市场服务的功能尚未发挥。由于村镇银行在本质上属于"银行业金融机构"，是独立的企业法人，其经营原则以安全性、流动性、效益性、自主经营、自担风险及自负盈亏为主。村镇银行主要在农村地区设立，主要为当地农民、农业和农村经济发展提供金融服务，但是由于农业项目具有投资回报周期长、盈利能力有限及抗风险能力弱等弱点，这在客观上造成了村镇银行日益偏离服务"三农"和支持新农村建设的办行宗旨，使得服务农村的金融理念大打折扣。从已经成立的村镇银行来看，大多将其总部设在各试点地区的行政中心所在地，周边的金融和经济环境理想，商贸较为发达，并未深入农村，导致村镇银行最终呈现"冠名村镇，身处县城"的格局。如何在服务三农的政策目标的基础上实现可持续发展是村镇银行建设发展过程中亟待解决的问题。

（2）农村居民存贷差扩大，流动性风险加大。村镇银行等农村银行业金融机构的服务对象是当地的农户或企业，其中最大的特点是贷款抵押物品缺乏，再加上贷款零星、分散，放贷成本相对较高，这就要求相对较高的贷款利率来覆盖风险和补偿其经营成本，如果利率过低，村镇银行规模太小，就可能出现难以维持的局面。另外，由于村镇银行是新兴银行，社会公信力差，社会认知度低，吸储能力低，加之网点少，缺乏现代银行经营手段和技术，普遍缺乏存款吸引力，这就在很大程度上限制了其服务"三农"的功能发挥。与吸存难形成鲜明对比的是，村镇银行在贷款上却颇具优势，由于村镇银行是县域内独立的法人机构，决策流程短，贷款手续简单，这对县域内的小型企业、个体工商户具有较强的吸引力，客观上背离了服务广大基层农户的宗旨。

（3）控股模式单一，导致各方利益主体动力不足。国家对村镇银行产权结构的安排要求最大股东或唯一股东必须是银行业金融机构，且持股率不低于20%，而大银行在发起设立村镇银行时，一般都要求持股50%以上，要处于绝对控股股东地位。由于村镇银行投资回报周期长、盈利能力有限，大银

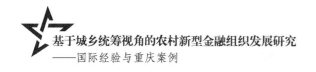

行参与设立村镇银行的积极性也不高。另外，由于无法控股，民营资本参与村镇银行建设的积极性也不高，对村镇银行的建立十分不利。

（4）村镇银行结算系统孤立，信息不畅通。由于大多数村镇银行在县城只是一个孤零零的网点，重庆目前23家村镇银行中，只有大足县汇丰村镇银行、江津区石银村镇银行及南川区石银村镇银行成立了5家支行。所以，村民存款、取款都必须要到分行来，客户感到很不方便，缺乏对绝大多数农村居民的吸引力。而且任何一笔从外地汇入的款项都是跨行跨区，汇费昂贵，加之在乡镇没有网点，取款不方便，外出务工的农民工一般不会选择村镇银行作为汇入行。所以村镇银行在汇兑业务上竞争不过农行、邮储银行和农信社。部分村镇银行至今甚至没有单独的行名行号，无法加入人民银行的大小额实时支付系统，只能进行资金手工清算，汇划到账速度较慢，不能满足客户快速、便捷的服务要求，而且容易出现差错事故。很多农村地区是典型的"打工经济"，外出务工收入是当地经济的支柱，村镇银行失掉这笔业务，也就失去了大部分存款来源。此外，村镇银行的通存通兑没有开通、银行卡业务缺失、汇路不畅也是一个大问题。

9.2.3 重庆市村镇银行的发展对策

（1）发展村镇银行需要正确处理政府与市场的关系。一方面，发展村镇银行需要减少政府的不当干预。发展村镇银行，要给予村镇银行一个市场化的、充分竞争的发展环境，最大限度地减少政府不当干预，地方政府和监管部门应加大引导和扶持力度，合理分配贷款去向。另一方面，村镇银行是由于国家支持农村经济产生的，因此地方政府应在财税政策方面给予村镇银行一定优惠，应享受减免所得税和营业税的各项优惠政策。特别是对支持农村经济、有突出贡献的、偏远地区的村镇银行等，应由财政给予一定比例的补贴或是财政性存款优先权等，以激励村镇银行加大对"三农"的资金投入，切实发挥国家政策的激励和引导作用。监管部门要将村镇银行的支农情况纳入考核体系，引导村镇银行业务向农业领域倾斜，大力改善支农服务，支持新农村建设。

（2）拓宽融资渠道，加大吸储力度。首先，村镇银行应利用各种媒体广泛宣传其服务宗旨、优惠政策和特点，提高社会认同度，增强公众对村镇银行存贷款的信心；其次，村镇银行应积极开发更多融资渠道和创新金融产品；最后，立足长远，制定长远规划，逐步扩大规模，下沉渠道，增加网点数量，加快信息技术等基础设施建设，以优质的服务吸引客户将闲置资金存到村镇银行。

（3）完善村镇银行的股权结构。在村镇银行发展过程中要更具有建设性和前瞻性，对村镇银行的股权结构不应过于谨慎，应扩大民间资本股东，推动村镇银行股权多元化。过于狭隘的股权结构会把村镇银行建成商业银行的分支机构，失去了建设发展村镇银行的意义。

（4）发展村镇银行要因地制宜。农村金融业务具有较高风险，加上重庆市不同地区的经济发展差距较大，因此，因地制宜、分类指导，坚持产权制度模式的多元化和组织形式的多样化，是村镇银行发展的基本原则。

（5）加强监督管理。金融监管部门应严格控制村镇银行的市场准入，审查股东成分，建立健全监管指标体系，加强村镇银行贷款投向监督，对偏离"三农"的市场定位及时纠正。

总之，发展村镇银行，首先，需要建立科学合理的村镇银行制度，包括严格的准入制度、明晰的产权制度、谨慎的运营监管制度、充分的信息披露制度以及危机及时处置机制；其次，村镇银行还应在产品创新、业务拓展和市场定位等方面下功夫，以实现可持续发展，保证为实现"三农"的目标而服务。

9.3 重庆市小额贷款公司发展状况及问题分析

9.3.1 重庆市小额贷款公司发展现状

小额贷款公司是由自然人、企业法人与其他社会组织投资设立，不吸收公众存款，经营小额贷款业务的有限责任公司或股份有限公司。小额贷款公司的贷款对象分布各有侧重点，但基本上以小微企业、私营个体及农户为目标主体。贷款形式以信用贷款、担保贷款和抵押贷款为主，单笔限额体现贷款分散化要求。

由于市场和自身发展的需要，我国小额贷款公司在成立以后纷纷增资扩股，经营规模不断扩大，盈利能力也有显著提高。2005 年我国小额贷款公司试点工作开始启动，民间融资相对活跃的山西、陕西、四川、贵州及内蒙古五省（区）被确定为试点地区。2008 年 5 月，银监会和人民银行联合下发关于小额贷款公司试点的指导意见，进一步扩大了小额贷款公司的试点范围。2009 年银监会发布了《小额贷款公司改制设立村镇银行暂行规定》，为小额贷款公司的未来确定了发展方向。2009 年以来，小额贷款公司发展势头更为迅猛，各省市相继出台了关于开展小额贷款公司试点工作的实施意见和暂行管理办法，使小额贷款公司如雨后春笋般发展起来。截至 2011 年年末，全国共有小额贷款公司 4282 家，贷款余额 3915 亿元。小额贷款公司从 2005 年试点以来，在一定程度上提高了对农村居民和农业企业资金需求的供给能力，并发挥了很大的作用，部分省区，如河北、浙江、山西等进展较快。

重庆市小额贷款公司自 2009 年试点以来，发展和管理已位居中西部前列。截至 2012 年 6 月，重庆市批准筹建小额贷款公司 153 家，注册资金达到 220 亿元，累积发放贷款接近 600 亿元。

9.3.2　重庆市小额贷款公司存在的现实问题

从实践效果来看，小额贷款公司的出现在一定程度上有利于塑造多样化的金融供给主体，缓解农村金融市场的供给不足，通过市场竞争主体的多元化为农户提供更好的金融服务。从农村金融市场创新角度来看，小额贷款公司是社会资本进入金融领域的一个尝试和探索，蕴藏于民间的大量闲置资本被合法途径吸收，"地下金融"的生存空间被压缩。同时，还可以承接传统产业转型中退出的民间资本，为民间资本向正规金融资本转化提供现实路径。当然，从目前的情况来看，重庆市小额贷款公司的发展还存在以下问题：

（1）信贷技术匮乏。中国的农村金融市场之所以长期发展滞后，主要原因之一就是农村金融市场缺乏传统商业银行的信贷技术支撑。从重庆市小额公司实际运作来看，产品结构仍然沿袭了传统商业银行的经营模式，采用担保、抵押等贷款形式，而这恰恰是农户信用贷款的软肋。从目前的情况来看，重庆市大部分小额贷款公司在农村金融市场的金融产品开发方面，不仅落后于国际同类机构，而且落后于国内其他类型的金融机构。

（2）风险控制意识和能力薄弱。在实际运作中，小额信贷公司的治理结构普遍欠缺，决策程序、信贷管理和内部审计制度都相当不完善，特别是部分试点公司贷款服务对象过于集中，与"小额、分散"的设计宗旨相背离。更加令人担忧的是，部分小额贷款公司在无法从银行获得融资的情况下，违规发放委托贷款，借机追逐高额回报、贷款利率超过规定标准和收取不合理费用等问题。系统风险不断加剧，严重偏离了发展方向。

（3）高利率引发的"挤出效应"和可持续问题。按照央行的相关规定，小额贷款公司借贷利率水平不得高于央行基准利率的4倍，贷款公司可在此范围内与资金要求方自由协商利率。目前，六个月以内（含六个月）的年利率为6.1%，六个月至一年（含一年）的为6.56%，这就意味着小贷公司放贷的利率可以到达24.4%～26.24%。因而小额贷款公司的利率定价具有较大的空间。总体来看，小额贷款公司的利率区间分布较广，平均利率水平总体上要高于同期金融机构的贷款利率，并有向民间有息贷款利率看齐的趋势，但某些涉农特征明显的小额贷款公司在政策引导下对"三农"贷款给予一定优惠，这些公司的农业及养殖业贷款利率明显低于工商业、运输业和服务业贷款的利率，其贷款期限明显偏好短期。当大量新型金融机构涌入农村金融市场并不加区分地采取超高利率策略时，导致两个结果：一是高利率挤出了无法满足收益率要求的"三农"投资；二是超高利率进一步挤出正常投资者，导致整个市场的高风险投资者聚集，金融机构的风险随之增大。农业是弱质性产业，显然无法承担如此高的利率负担，普遍存在的超高农贷利率对农户和金融机构双方而言都是难以持续的。事实上，很多小额贷款公司将其贷款对象锁定在了当地的小微企业、个体工商户以及包括公务员在内的工薪阶层，而不是农户。于是，高利率显然挤出了收益率偏低的农业资金投放。实际上，高利率不仅引发了对"三农"投资的"挤出效应"，还可能反向影响小额贷款公司自身的可持续问题。畸高的利率在一定程度上带来了逆向选择和道德风险，小额贷款公司面临的客户群一般是不符合正规金融机构贷款资格的贷款人，这意味着信贷市场风险将处于高风险状态，无法掌控。

9.3.3 重庆市小额贷款公司的发展对策

针对如何进一步发展重庆市小额贷款公司，重庆市金融办提出了如下要求：

（1）切实转变经营观念。各小额贷款公司要充分认识到当前经济运行呈现的新形势、新情况和新问题。发放较高利率的贷款，不利于实体经济的发展，并容易加大贷款风险；要端正经营思想，坚持服务宗旨，加强对公司高管和一线员工的职业操守教育，增强社会责任感和合规经营意识，切实体现支持中小微企业和"三农"发展的商业道德；要校正经营导向，合理制定经营目标，从经营计划和绩效考核入手，整治不切实际的快增长、高指标问题，从源头上杜绝发放高利贷的冲动。

（2）严格执行利率管理规定。各小额贷款公司的自营贷款利率和接受的委托贷款利率，必须严格控制在人民银行公布的同期同档次贷款基准利率4倍以内。对贷款利息分为利息和费用（简称利息类收费）两部分收取的，其利息和费用之和同样不得超过人民银行公布的同期同档次贷款基准利率的4倍。要区别对待不同的贷款客户，视具体情况合理定价，实行差别化的浮动利率。

（3）提高贷款利率透明度。各小额贷款公司执行的贷款利率应遵循公开透明原则，在贷款协议和合同中"明码标价"，充分履行告知义务，使客户充分了解利率和利息类收费的内容、收取标准和收取方式；不得利用不合理的计结息和加罚息方式，变相提高贷款利率；不得在贷款利率之外通过本公司及其股东等关联方，向贷款客户收取与贷款相关的任何费用；不得借发放贷款之机，要求客户接受其他金融服务而收取费用，或者通过任何隐蔽方式在账外收取贷款利息和其他费用。

（4）坚决打击高利贷行为。区县金融办应密切与当地公安、工商等部门的信息沟通，设立公众举报电话，多渠道、全方位收集掌握本区县小额贷款公司执行利率政策的有关情况，高度关注小额贷款公司贷款利率新动向和新问题。同时提高现场检查频度，加大处罚力度，一旦发现直接或间接、公开或变相发放高利贷的行为，坚决依法从严处理，绝不姑息迁就。

9.4 重庆市农村资金互助社发展状况及问题分析

9.4.1 重庆市农村资金互助社发展现状

农村资金互助社是指经银行业监督管理机构批准，为内部社员服务的带有公益性质的金融组织。同以往其他金融机构所具有的"官方背景"不同，农村资金互助社是纯粹的民间组织，由乡（镇）、行政村农民和农村小企业自愿入股组成，为社员提供存款、贷款、结算等业务的社区互助性银行业金融机构，是连接小农户与大银行的信用中介平台组织，且在符合一定条件时，社员进出自由。从成立、融资、营运、信贷、分红到解散，完全由社员自主决策和管理，政府及其他机构除履行审批和监督程序外并不参与其中。《农村资金互助社管理暂行规定》（以下简称《规定》）对农村资金互助社给出了明确的定义，农村资金互助社是指经银行业监督管理机构批准，由乡（镇）、行政村农民和农村小企业自愿入股组成，为社员提供存款、贷款、结算等业务的社区互助性银行业金融机构。农村资金互助社具有以下几个特点：农村资金互助社实行社员民主管理，以服务社员为宗旨，谋求社员共同利益；农村资金互助社的资金应主要用于发放社员贷款；农村资金互助社不得向非社员吸收存款、发放贷款及办理其他金融业务，不得以该社资产为其他单位或个人提供担保。这说明农村资金互助社的经营范围仅限于社员内部，农村资金互助社发放贷款是为了满足内部社员的资金需求，收益来源主要是贷款利息和购买的国债和金融债券等低风险债券的利息。

农村资金互助社规模小、运营成本低。农村资金互助社在乡镇或者行政村一级设立，社员为户籍在本乡镇或行政村的居民（或者居住三年以上的常驻居民），且《规定》第二章第十六条明确规定，农村资金互助社不得设立分支机构。发放贷款的范围也仅限于本乡镇或行政村居民。《规定》第二章第九条第三款规定，在乡（镇）设立的，注册资本不低于30万元人民币；在行政村设立的，注册资本不低于10万元人民币，为农村资金互助社的设立制定了较低的门槛。这种较小的运营范围和较低的门槛决定了农村资金互助社规模小、运营成本低的特点。

农村资金互助社资产风险低。《规定》要求社员入股必须以货币出资，不得以实物、贷款或其他方式入股，保证了互助社初始资金的真实性。《规定》第三章第二十三条规定，农村资金互助社社员参加社员大会，享有一票基本表决权，这从程序上避免了互助社管理被少数人操控。同时《规定》要求农村资金互助社应审慎经营，严格进行风险管理，并对互助社的经营指标进行了控制，力求尽量减少互助社经营风险。另外，规定禁止互助社将资金投入高风险的金融交易，允许其投入低风险的债券买卖，保障了互助社资金的安全性。

农村资金互助社的存贷款利率与村镇银行相同。农村资金互助社吸收存款的利率和一般商业银行相同。贷款利率上限为国家基准利率4倍，因此当地居民只需要缴纳一定数额的股金就能够成为社员，可以获得同其他商业银行相同的存款收益，尤为重要的是能够非常方便地以较低利率获得小额贷款且抵押品价值较小。

2010年11月，重庆市首家农村资金互助社——重庆市黔江区城东诚信农村资金互助社正式成立。这标志着重庆市新型农村金融机构试点工作取得新的重要进展，在重庆农村金融服务体系中又增添了一支新的生力军。重庆市黔江区城东诚信农村资金互助社主要是由农民专业合作社社员自愿入股组成。具体模式是，由黔江区惠康地牯牛专业合作社牵头并联合30名农户作为主要发起人（出资人），注册资本68.8万元，主要为社员办理存款、贷款和结算业务、买卖政府债券和金融债券、办理同业存放及代理业务，并可向其他银行业金融机构融入资金。城东诚信农村资金互助社以重庆市黔江区城东街道办事处辖区内入股的农户、农民专业合作社、农村小企业为主要服务对象，采取以信用、农户联保方式为主，抵押贷款作补充的贷款模式，按照"民办、民管、民受益"原则，实行社员民主管理，为本社社员提供资金互助服务。目前，重庆只此一家农村资金互助社。

由于农村资金互助社在全国尚处于试点阶段，相关制度不完善，特别是在银行业监督管理机构审批和工商行政管理机关注册登记制度之间还存在若干不配套、不衔接的地方。为此，重庆市工商局与重庆银监局将针对农村资金互助社主体类型、审批内容、审查重点、登记要求等问题进行深入研究和明确，为农村资金互助社的顺利组建扫清了制度障碍，推动了重庆市农村金融机构试点工作。

9.4.2 重庆市农村资金互助社存在的现实问题

由于当前重庆市的农村资金互助社数量很少，而当前国内农村资金互助社存在的一些问题，在重庆市的农村资金互助社中同样存在，主要的问题包括：

（1）规模小及数量少。我国农村资金互助社规模小，能够发放的贷款额度很低，起到的作用十分有限。从单个农村资金互助社来看，融资渠道和经营范围决定了其规模必然较小。虽然规模小能够让农村资金互助社的设立非常灵活，成本也低，但是这也决定了其融资数量少，能够利用的资金必然有限。而且商业银行对农村资金互助社拆借资金存在诸多限制（赵小晶等，2009），使其发放贷款的数额非常有限，很容易超过国家规定的存贷比例。全国第一家乡镇级农村资金互助社——兴乐农村资金互助社就曾经因发放了42.63万元贷款，导致存贷比例高达336%，致使其在开业3个月后被上级有关部门停止办理贷款业务（傅航，2007）。在全国，农村资金互助社这种融资难的问题迄今为止仍未得到妥善解决。

（2）农户入社行为存在一定的短期性，互助社的互助性功能明显不足。由于农户主动参与互助社的意识并不强，主要靠"能人"带动。大多数农民加入互助社的目标不是基于长期的经济合作，其借款业不全是为了发展生产，而是期望分享扶贫资金的"好处"。这些农户一旦有了自有资金，往往不愿再向互助社借贷。农户入社动机和行为的短期化，导致互助社的长期互助合作功能大大减弱。在这种情况下，无论从资金运作来看，还是从组织功能来看，农村资金互助社的长期持续经营都将受到影响。

（3）政府主导的发展模式与"内生金融"的预期目标存在差异。按照正常逻辑，既然是互助合作组织，农村资金互助社主要应该作为农户之间的自愿互助形式出现，应该具有典型的内生性特征。但由于中国农户的对外合作意愿处于较低水平，在短期内难以实现自然发育的情况下，靠政府之手的外部推动就成了现实选择。

（4）自我管理能力低下，激励约束机制严重缺失。目前试点的风险防范制度大都基于"管理者尽职尽责"的基本假定，既缺乏风险管理细则，又没有相应的惩戒措施和办法，再加上外部监督制度的缺位，导致互助社的风险管理意识淡薄，资金运作具有很强的随意性，违规操作和擅自改变借款用途的现象屡见不鲜，安全隐患随处可见。部分农村资金互助社存在强烈的吸储冲动。农村资金互助社的管理人员构成、资金实力和风险控制能力，都远远未达到管理和运用公众存款的能力，一旦存款运用失败，极易引发群体事件，造成金融秩序的混乱和地区金融生态环境的破坏。此外，农民参与的积极性也偏低。在我国，农村属于典型的关系型社会形态。农民需要资金的时候，首先会想到用社会关系来解决，金融供给与融资次序相关，融资次序与社会关系的亲疏保持一致（李似鸿，2010）。这个顺序中，金融机构无疑排在后面。因此，农民对参与农村资金互助社等金融机构积极性不高，对传统的以人际关系为基础的农村民间互助形式"钱会"，却一直保持较高热情，尽管"钱会"并非合法的金融组织，而且"会头"卷款逃跑的事情时有发生。

（5）贷款风险高。相对于商业银行，农村资金互助社贷款风险大。农村资金互助社贷款风险主要来自于贷款社员的违约风险。大体包括几类：一是缺乏贷款社员的信用记录，农民很少向金融机构贷款，因此没有累积的信用记录可供参考；二是还款能力弱，农民收入渠道少，收入低，导致还款能力弱；三是抵押品价值低，多数农民可供用作抵押的资产较少，且价值低，变现能力差，甚至有些农民只能通过信用贷款，这就增加了互助社的贷款风险；四是贷款后农民获利能力较低，农业在我国属于低产出的产业，农民贷款主要的目的是从事农业生产，获利较少，且受气候因素影响大，因此贷款偿还能力也较弱（麻永爱和章也微，2011）。

总体而言，作为探索中的新型农村金融的一种具体形式，农村资金互助社的金融性质决定了其服务对象应瞄准农村中的低收入群体，其主要目标是通过社员之间的互助合作，帮助农户改善生产经营和促进农户增收。对农村资金互助社的合理定位，应以地缘地区为纽带，以入社社员为服务对象，以互助资金为手段，帮助农户以发展生产和持续增收来脱贫的一种金融服务方式。作为以互助和合作为基础的金融组织形式，农村资金互助社仍然面临"中国农户的社会合作意愿较低"的现实制约。在短期内寄希望于由农户自发组建互助合作组织并不实际的情况下，如何恰当地发挥政府、社区组织、农户的相对优势，建立起一种有效的政府引导、社区支持和农户协作的多方联动机制，是问题的关键。

农村资金互助社本应该成为非常受欢迎且发展前景广阔的农村新型金融组织，但是经过数年的发展，农村资金互助社并没有发展壮大，银监会也将扶持农村金融组织的重点放在村镇银行上，农村资金互助社受到一定的冷落。虽然农村资金互助社具有很多的优点，但是上述问题对其发展具有较大的抑制作用，导致了农村资金互助社成为三种重点发展的农村新型金融组织中发展较为缓慢的组织，远远无法满足实际需要。

9.4.3 重庆市农村资金互助社的发展对策

（1）政府制定更加有效的政策并加强引导。应进一步简化农村资金互助社设立的审批手续，可以考虑将审批制改为注册制（邵传林，2010）。地方政府对设立农村资金互助社进行指导，帮助有意愿的乡镇和行政村通过审批手续，取得相应的许可资质。

（2）对农村资金互助社的运营适当地在财政上给予一定的支持。在农村资金互助社的启动过程中，单靠农民入股的方式所筹集到的资金可能非常有限，无法满足其周转要求，如果地方政府能够给予一定的财政支持和税收上的减免，有利于其渡过启动的融资难关，迅速走上正轨。

（3）拓宽农村资金互助社的融资渠道，消除向银行拆借资金的壁垒。目前，农村资金互助社面临的最大问题就是融资渠道过窄，导致其可用资金有限。虽然法律允许农村资金互助社向商业银行拆借资金，但是几乎所有的商业银行都对此有限制。因此，政府应出台政策，禁止商业银行的相关行为，为农村资金互助社获得公平的待遇提供保障。除此之外，有关部门对农村资金互助社在金融交易许可的申请上给予指导，帮助其取得相应的资质，提高盈利能力。

（4）积极引导金融人才到农村金融机构任职并加大人才培养力度。金融人才在农村金融机构中非常紧缺，但是由于收益低、发展前景小，高素质的金融人才缺乏在农村金融机构任职的意愿。因此，有关部门应制定政策鼓励金融人才到农村地区任职，如给予其一定的补贴且升职上进行适当的倾斜。除此之外，还应加大对本地人才的培养力度，有计划地对从业人员进行全面的培训，由财政提供培训资金。

（5）充分利用各种渠道加强宣传。对有条件的乡镇和行政村，通过宣传使他们对农村资金互助社有更深的认识，从而增强主动设立的愿望；很多农民并不知道从正规金融机构融资的益处，通过宣传使其从思想观念上改变原有认识，从而将中央的惠民政策落到实处。

9.5 重庆市小额信贷担保公司发展状况及问题分析

9.5.1 重庆市小额信贷担保公司存在的必要性

（1）农业的本质决定了其难以获得银行抵押贷款。涉农产业的不可控风险大，前期投入大，收益率比不上工业和服务业。农业资产主要是农作物、瓜果、牲畜等非不动产，难以通过正规金融部门贷款抵押的要求，并且企业主唯一的不动产——土地，又是租赁的，土地承包权的抵押担保又处于发展初期，使得农业企业客观上很难吸引外部资金。鉴于小微企业的容量小，账务不明晰，在缺乏担保机制的情况下很难获得正规金融机构的贷款。

（2）信息不对称，信息成本高和人力成本高使得金融需求与金融供给难以契合。农业企业由于地理位置偏僻，交通不便，给金融机构的信息搜寻造成了很大的阻碍，加之信息极度不对称以及"逆向选择陷阱"的存在，极大地增加了银行的信息成本，同时也间接挫伤了农村企业主的贷款积极性。然而，就调查所得，重庆推出的零担保费用的微企担保贷款由于有政府、国有担保机构和银行三方分担风险，在贷款额度不大的情况下，最大程度上降低了信息收集的成本，提高了贷款的灵活性，简化了办理的手续，是促进农村金融供给与需求吻合的重要手段。

（3）就重庆而言，非正规金融机构的替代效果不明显。在重庆，非正规金融或者是民间借贷在县域级以下单位并不像沿海地区那么发达，在西南的传统农业区，不管是企业主还是普通农户的观念都不趋向于私人借贷。事实是，在重庆的农村地区，普通农户选择外出务工挣钱，基本能够负担生活、消费和子女的教育，不会产生大额的资金需求；有原始积累的农村大户具有一定抗风险能力，也很少需要向非正规金融机构寻求帮助。他们普遍认可正规金融，信息获取也大多来自于当地政府的宣传。这样一来，有政府和国有担保公司参与的担保贷款，更符合重庆农村地区的金融需求。

9.5.2 重庆市小额信贷担保管理办法和试点模式

2012年5月，重庆市出台了《关于开展小额贷款保证保险试点工作的意见》（以下简称《意见》），《意见》指出，贷款者不需提供抵押或反担保，小额贷款期限一般在一年以内，小额贷款保证保险试点范围为：在重庆市经营期一年以上，申请小额贷款用于生产经营的小型、微型企业和农村种养殖大户、城乡创业者。试点初期，主要针对小型、微型企业。小型企业单户贷款金额不超过 300 万元；微型企业、农村种养殖大户、城乡创业者单户贷款金额不超过 50 万元。试点期间，银行贷款利率最高不超过人民银行同期基准利率上浮 30%，鼓励银行对小型、微型企业等小额贷款申请人给予优惠贷款利率；年保险费率合计最高不超过贷款本金的 2.3%。如此看来，小微企业通过银行贷款比其他渠道贷款成本要节省一半左右。此外，借款人有条件且自愿提供抵押或担保的，经办银行和保险公司可根据借款人资信状况，适当下浮贷款利率及保险费率。

针对无抵押或反担保的放贷风险相对较高的问题，《意见》明确指出，将设立 2000 万元/年的小额贷款保证保险风险补偿专项资金，在专项风险补偿资金使用完后，由市财政按年补足。当小额贷款保证保险赔付率达到 130% 时，暂停新增业务；对未到期贷款后续发生的贷款损失，由风险补偿专项资金按 80% 比例，对试点金融机构给予补偿，每年补偿总额不超过 2000 万元。同时，对有恶意逃废金融债务行为的借款人，由公安等司法机关负责依法严厉打击。在借款人申请受理、贷前调查、分析决策、贷后跟踪管理、逾期催收、损失追偿等环节，银保双方实行信息共享，联合风险管控。

目前，重庆银行与三峡担保合作创新"见贷即保"或"见保即贷"的新模式，此模式具有"三个一"（即一次性调查、一张表通用和签一份合同）、"三个零"（银行零保证金、担保公司零担保费和企业零负担）的特点，在没有增加任何流程和费用的情况下，实现了小微企业的有效增信。

9.5.3 重庆市小额信贷担保公司发展现状

就笔者关于小额信贷担保问题对重庆市三峡担保公司和重庆市本地商业银行进行的走访调查来看，当前重庆市的小额信贷担保公司的现状主要包括：

（1）重庆市政府协调推动合作机制的建立。考虑到农户贷款难的问题，重庆市政府通过像三峡担保公司这样的国营担保公司为微型企业提供零费用担保，帮助农户从重庆银行、重庆农村商业银行和三峡银行获得 5 万 ~ 15 万元的创业贷款来鼓励微型企业的发展。并且，政府简化了贷款流程和降低了贷款要求，微型企业只要在市工商局备案，就可以获得一张凭据，在相应银行申请贷款一旦通过，凭此凭据，担保公司会无偿担保，简单地说就是"见保及贷"或者"见贷及保"。

（2）担保公司很少对涉农微企作保前保后工作，主要依赖贷款银行提供的信息。当前，重庆市涉农微企贷款额度并不大，但贷款数量多，涉农微企都在偏远的农村，要调查他们的经营情况很不现实，加之公司现有资源有限，如人手不够、在偏远的地方没有分支机构等，难以掌握微企的信息。目前，公司保前的调查基本上是依靠银行推荐，而保后工作也依靠银行信息，因为是按月付息，一旦银行通知付息出现问题，担保公司才会采取相应措施，这也是现阶段最有效的办法。由于地方政府对当地银行和担保公司有指标要求，公司将指标分解下发给各个信贷员，所以，信贷员会鼓励农村熟识的企业主来贷款，这样也能减少信息不对称的危害。这种滞后的风险管理有一定的漏洞，但却是最节省人力物力的管理方式。

（3）目前涉农微型企业信用度较高，违约风险不大。由于涉农微型企业体量特别小，从往年情况来看，违约率不高，截至目前仅有一户还款出现问题，并且该企业主还款意愿还是很强的，仍与公司保持联系。

（4）担保公司和银行依靠当地政府政策，违约风险带来的损失不大。由于当前小额贷款额度不大，只有 5 万～15 万元，再加上重庆市现行政策是涉农微型企业一旦违约，国家承担损失的 1/3，当地政府承担损失的 1/3，担保公司和银行各承担 1/6，所以担保公司和银行有信心应对这个风险。并且，一旦有一个微企做大做强，那么即使有几个违约倒闭，也是制度的成功。

（5）小额贷款担保制度虽违反了市场规律，但却是现阶段比较行之有效的选择。对于涉农小微企业的企业贷款，不适合有像担保公司这样的金融中介介入，因为这中间会产生很多不必要的费用，使得贷款企业贷款成本加重，直贷对于这类体量小的企业才是最好的选择。但是由于我国金融二元性结构造成涉农企业贷款十分困难的局面，才加入了政策性支持，实际上，无偿或低价提供的担保属于一种金融补贴形式。

（6）银行和担保公司最希望了解企业真实的资产负债关系，最怕遇到包装过的"壳"公司。壳公司往往会将贷款用于利润高的暴利行业，降低农村贷款的资本配置率。其次，也很关心农户和企业主的理念意识、教育程度、社会关系和还款意识。

（7）在处理农村小微企业贷款中，存在很多困难。主要包括：首先，对于那些没贷过款但又有一定实力的农户，是值得争取和培养的优质客户，但由于他们抱着可贷款可不贷的心态，使得营销工作难以开展。而且，这些农村小微企业内部管理缺乏规范尤其是财务管理极不规范，信息不公开，企业主思想很僵化，通常只能提供厂房设备作为抵押。其次，有些企业大多缺乏抵押资产，需要第三方担保，但考虑到担保费用，会觉得贷款成本高，而放弃贷款。但是，据统计，这些贷款所产生的所有费用比起利润来说并不算大，可能从亲友方面融到成本更低的资金。再次，很大一部分客户再贷款时，不考虑第三方担保公司而选择商户联保。农村企业觉得联保手续少、费用少，但是他们没能考虑到再次融资难题。例如，有三家相熟的企业互相联保，各自贷款50万元，那么甲公司自己贷款50万元，担保100万元，又因为很多银行都会把这100万元记为该企业的负债，最后当甲公司希望再次贷款的时候可能就有很大的阻碍了。最后，中小企业都存在扩大经营的冲动。一旦小微型企业主营业务达到一定规模，现金流趋于稳定，就会产生投资冲动，尤其愿意投资土地、房地产、连锁店，但是往往对投资行业很不熟悉，扩张计划不周全，反而投资实业的很少。所以，一旦投资失败，很可能导致资金链断裂，给还款造成压力，甚至不能偿还银行的贷款。

（8）对于涉农小微企业，5万～15万元担保贷款基本足够。涉农小微企业则大部分资金来源于自有资金和亲友借款，由于不是工业企业，5万～15万元担保贷款主要不是用于购置原材料和机器设备，而是用来抵御农业风险。因为缺少农业保险，在天灾人祸造成失收和歉收导致资金紧张的情况下使用。

（9）在涉农小微企业贷款户中，银行和担保公司的主要客户群是农村大户，而且农村信贷业务竞争激烈。由于银行和担保公司为了规避风险，贷款主要目标是农村大户，这些企业经营时间较长，有一定抵押物，现金流稳定，市场需求大，上下游企业稳定。这种情况也就造成了优质客户资源紧缺，农村信贷业务竞争激烈的局面。比如，今天一家金融机构向一个企业贷款50万元，利率20%，明天就会有另外的金融机构向他们提供100万元，利率10%的贷款。通常正规金融机构还会面对非正规金融机构的竞争，由于非正规金

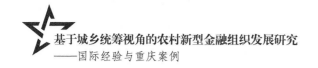

融机构对当地农户情况更了解，具有信息优势，敢向农户提供更优越的贷款条件，这就导致正规金融机构往往处于竞争劣势。

（10）国有小额贷款担保公司是由当地政府建立的，往往缺乏科学完善的法人治理结构和风险控制手段。由于政府政策驱动，对涉农小微企业提供担保贷款是成为国有担保公司的考核标准之一，担保公司受指标考核压力，往往不加选择地发放贷款，有些农村企业根本不存在贷款需求，却为了"卖人情"去贷款，相反，一些农村企业需要贷款，但是业务员怕担风险而拒绝受理。

9.5.4 重庆市小额信贷担保公司的发展对策

（1）在加大金融机构合作的同时，不能忽略对农村金融教育活动。根据前面的研究结果，重庆市农户和农村企业对农村新型金融组织及相关金融制度不太了解，金融意识淡薄，融资意愿低，金融风险防范能力差，农村金融从业人员队伍少、素质低，为了提高重庆市农村金融机构从业人员素质，提高广大农民和基层干部的金融知识水平，提高农户和农村企业主的金融意识和树立正确的金融观念，应大力组织开展农村金融教育培训和宣传等相关活动。

（2）在县域范围内培育起健康的民间借贷机构与正规金融组织相补充。由于农村地区交通不发达、农村人员分散，信息极不对称，信息成本和人力成本高，正规金融组织难以开展业务，而且重庆地区不像沿海城市非正规金融组织那么活跃，农村金融供求矛盾极大，所以，应该以政策性金融为主导，大力培育互助性民间农贷担保组织和民间借贷机构。

（3）尽快完善农业保险制度。根据前面的研究结果可以看出，重庆市农业保险制度存在诸多不足，在一定程度上阻碍了农村金融市场和农村新型金融组织的发展。现在实行的小额贷款担保制度主要是应用于农户和农村企业的资金周转不灵上，贷款额度小，时效性强。为此，为挖掘农村经济的巨大潜力，减少农户和农村企业的贷款顾虑，真正满足农村金融需求，应以政府为主导，加强担保公司和当地银行的合作力度和效力，完善农业保险制度，加大农业保险的覆盖面和授信额度。

9.6 本章小结

在前文对统筹城乡背景下的我国农村新型金融组织的相关问题进行研究的基础上，本章以重庆市为案例，在分析重庆市金融市场以及重庆市农村金融的基本状况后，重点分析了重庆市几种农村新型金融机构的状况，研究发现：

（1）通过对重庆市村镇银行的研究发现，重庆市村镇银行存在的主要问题在于功能尚未发挥、存贷差扩大及流动性风险加大、控股模式单一以及结算系统孤立和信息不畅通，而相应的对策则是正确处理政府与市场的关系、拓宽融资渠道、完善股权结构、因地制宜发展以及加强监督管理。

（2）通过对重庆市小额贷款公司的研究发现，重庆市小额贷款公司存在的主要问题在于信息技术匮乏、风险控制意识和能力薄弱以及高利率引发的"挤出效应"和可持续问题，而相应的对策则是转变经营观念、严格执行利率管理规定、提高贷款利率透明度以及坚决打击高利贷行为。

（3）通过对重庆市农村资金互助组的研究发现，重庆市农村资金互助社的主要问题在于规模小及数量少、互助性功能明显不足、发展目标存在差异、自我管理能力低下以及贷款风险高，而相应的对策则是制定有效政策引导、基于财政补贴、扩宽融资渠道、加大人才培养以及加强宣传。

（4）通过对重庆市小额信贷担保公司的研究发现，小额信贷担保公司的发展对策主要是加大金融机构的合作，在县域范围内培育起健康的民间借贷机构与正规金融组织相补充，以及尽快完善农业保险制度。

10　对策建议

采取措施发展农村金融市场，除了短期提供资金支持新型农村金融机构的发展外，更应该注重长期对市场制度和体系的完善。因此，本书的政策建议也正是围绕这几个方面展开。

10.1　科学定位政府目标，加强市场服务职能

由于缺少健全的且行之有效的监督体系，我国政府会出于自身利益因素而对农村经济发展进行一定的干预，从而就会忽略对农村金融市场体系的相应的公共服务，最终导致资源配置效率的恶化以及其他参与主体的福利水平的损失，因此需要对政府职能在农村金融体系中重新进行正确的定位。具体而言，首先，由于政府的目标函数构成具有多元化，所以各项民生指标同样是政府职能的体现所在，而若要改变政府在农村金融发展中的目标，就需要各项农村金融市场指标的取值必须控制在一个科学的水平上，而并非仅仅以GDP来进行衡量；其次，需要完善中央及各级政府之间的利益传导机制，从而提高中央政府对于农村金融政策的执行力，这就需要地方政府的目标与中央政府的目标达成协调一致，中央政府应该协调与地方政府之间的经济利益协调的分配机制，从而完善以民众利益为导向的农村金融的信贷机制；再者，需要采取措施缓解农村金融市场中的信息严重不对称的状况，通过利率市场化行为为农村以及农村人口提供更加多样化的金融服务。

10.2　打破城市与农村的二元金融结构，推动城乡经济和谐发展

城市化并非就是简单地制造城市在国家中的强势地位，这会导致农村人口一味地向城镇转移，从而造成城市的拥堵和农村地区的贫瘠，反而会进一

步拉大城乡之间的差距。若要改变这种状况，首先，需要取消当前的二元户籍制度，转为一元户籍制度，这是因为二元户籍制度会在行政方面从户籍制度方面造成全国人口的福利待遇、发展机遇以及社会地位的不平等，所以需要切断社会待遇与户籍之间的联系，实行户口的自由流转，形成开放性与城乡统一的户籍制度配套政策改革；其次，城市化发展不应该放弃农村经济的发展，应全面繁荣农村经济与加快城市化进程的相互关联性，这是因为如果城乡差距持续增大，农村地区持续不繁荣，那么农村人口势必会向城市集中，但是城镇人口却不会向农村迁徙，从而使得城乡的人口与资源配置变得更加扭曲；最后，需要协调区域发展以消除人口和资源向少数城市集中的现象，由于中国地域辽阔，在自然条件、社会经济发展水平和人口分布等方面都存在着很大的地域差异，所以用单一的城市发展方针进行统一指导，显然是不合理的，因此应根据各地区的具体情况来制定区域性的城市发展方针，根据各区域不同的自然禀赋和现实经济发展条件，充分发挥地域性的特殊优势，但同时也需要加强区域合作，促进产业的合理布局，从而实现区域性的协调发展，形成优势互补、相互促进以及互利共赢的最终格局。

10.3 重视农村金融制度创新

金融制度创新过程，实际上是一个不断从非均衡走向均衡的过程，也是一个制度变迁的演化过程。在这个过程中，一系列因素不断发生变化，进而发生综合作用导致新结果的产生。每一次农村金融市场经济发展环境的突变，都会打破金融市场既有的平衡，通过经济主体的复杂博弈，新的均衡点不断产生。尽管在我国过去的农村金融市场发展过程中，政府在制定农村金融市场政策以及维持农村金融市场发展过程中起到了重要的作用，但也存在一些弊端，所以非正规金融市场的发展就因为政府而能产生的作用极其微弱。但是，由于利益的驱使，民间金融市场发展的脚步不会停滞，而是会以一种自发的力量不断演化，所以在不断发展的农村金融市场环境中，非正规金融会存在与正规金融利益博弈的过程，从而产生新的均衡。

10.4 培养农村金融市场中的竞争主体

虽然农村金融市场需要足够的国家支持，但是商业性金融同样应该在农村金融市场中具有一定的竞争性，也就是说商业性金融机构需要通过竞争以提高自身的经营管理水平。同时，对于农村金融市场中的信贷市场而言，对一般性的商业贷款，需要形成农村信用社、地方性商业银行与农业银行之间的竞争，而对于农户的贷款行为以及小额贷款行为，则应该形成农村信用社与农村小额贷款机构之间的良性竞争，尤其是在民间金融较为发达的地区，就应该形成农村信用社、农村小额贷款机构与农村民间金融组织之间的相互竞争。

11 研究结论与展望

11.1 研究结论

1. 正确处理政府与市场的关系

政府与市场是社会经济不可分割的两个方面，它们之间既互不可缺也存在互动关系。在宏观经济学理论中，市场失灵状况会被认为是政府没有干预经济的理由，但政府对于市场经济的过度干预同样会造成市场的失灵状况。传统的农村金融实践表明，政府直接干预农村金融的行为会深化农村金融的抑制性，会在客观上阻碍农村金融对农村经济发展的支持作用。因此在新金融政策的调整作用下，需要建立官民互动性的关系，并且逐渐打破农村金融市场的垄断性。但是，对于政府的干预行为，应灵活掌握运用，而并非单纯的"一刀切"的模式。例如，在农村金融可以商业化的领域，就应充分发挥商业银行的积极作用，而选择将政策性银行逐步退出，同时不符合商业银行盈利性目标的政策银行，也应该在可持续发展的政策指导下由政策性银行进行经营，而对于政府而言，直接干预的重点就应该放在解决农村地区的贫困问题方面。

2. 加强农村金融立法

农村金融立法的路径选择，比较可行的是一方面坚持自然演进，即在充分考虑中国农村的实际金融需求的情况下确定行之有效的制度安排，而不是另外创设一套看似完美却不符合实际情况的规则；另一方面也需要有一定的前瞻性，通过不断创新走建构主义道路，即重造一种更理性化、更能满足未来农村金融市场发展的金融法律制度。由于农村金融配置资源的特殊性，最适当即最好的法律制度就是自然演进和建构主义相结合的方式，即尊重市场自发形成的规则，政府的责任是让这些规范更为明确和严密，并向其提供有效的保障机制，同时在风险可控的前提下逐步创新。

3. 重构农村金融监管体系

由于农村金融机构分散且抗风险能力差，因此更要突出保护农村金融机构股东或社员的利益，保护农村金融机构整体的稳定，防范地区性、系统性风险。同时，由于性质所限，农村金融机构的经营方向更有其严格性，银监部门应通过监管确保农村金融机构坚持为农业、农村人口以及农村民营中小企业服务的宗旨。另外，金融监管部门需要明确依法监管，而不是对农村金融机构进行领导，即要严格区分领导与监管，不能以任何借口直接干预其正常的业务经营，要充分尊重其独立性自主的法人地位。强化金融监管手段是提高农村金融监管水平的重要途径。农村新型金融机构的优势在于规模小、业务简单、监管成本较低，但是，农村新型金融机构由于各种原因，其抗风险能力差，一定程度上存在着较大的经营风险。因此，必须高度重视农村金融机构的监管制度建设。这就需要，第一，按照因地制宜的原则加强金融监管，因此要针对不同地区、不同类型新型农村金融组织的特点、规模和风险管理水平，采取不同的监管手段和方法；第二，需要加强对高管层履职行为的制度约束，避免管理层利用制度漏洞损害投资者的利益；第三，需要特别强调实施审慎监管，强化对新设农村金融机构的资本充足率、不良资产率等指标持续、动态监管，防范系统性金融风险。

11.2 不足之处

由于农村新型金融组织是一个相对较新的概念，相关理论研究的深度并不够，而且实践推广的力度与反馈的经验也并不多，因此使得本书面临的最大难题是理论素养不够，相关资料与数据收集也较为困难，因此对相应问题的研究可能仅仅停留在抽象的思考上：

（1）实证检验存在较大的数据和地域局限。由于水平有限，指标的选取难免有所偏颇，在实证过程中因为受到数据的局限，很多应该考虑的因素并未得到足够的检验。

（2）本书的研究还不够深入。理论研究存在诸多未能考虑到位的方面，比如政府目标及其行为具有双重性，本书未能进行深入的分析。转型期间政府的影响是很关键的，但本书仅简单描述了政策的影响，并没有进行断点检验，定量分析其对金融市场的影响。

（3）由于农村新型金融组织的自身特征，垄断是有利于效率的，但垄断如果管制失败，则势必会造成农村金融改革停滞甚至倒退。

11.3 研究展望

我国金融尤其是农村金融问题涉及面非常广，涉及因素极多，加之国家及地方政策不断变化，还有许多需要完善的地方，还需要不断根据新形势和新问题进行更深入的研究。

（1）加强数据收集和指标统计工作。农村新型金融机构制度创新研究是一项极富挑战性的工作，我国在这一领域的研究才刚起步，相关数据的收集是一项相当困难的工作，并且当前的统计指标也不够完善。为了规范和科学研究农村金融市场和主体问题，需要建立一套全面反映城市农村金融组织绩效的统计指标体系。科学合理的统计指标体系的建立，便于政府和研究者及时全面掌握农村新型金融组织发展现状和发展趋势，并能进行科学的分析和决策，同时也便于和国际指标体系作对比和分析。

（2）谨慎看待农村金融市场的垄断特征。有的学者认为垄断造成了农村金融市场的失效，有的学者却恰恰认为市场过于分散正好是导致市场低效率的重要原因。根据国际经验，垄断可能是农村金融市场的常态，那么，政府最重要的职能是制定有效的管制政策，来保持农村金融产业的充分竞争性。但由于农村金融产业的特殊性，容易产生垄断。因此，政府如何通过对农村金融市场进行适度的管制，维护农村金融市场的正常秩序，促进农村金融产业的健康发展，也成为一个重要的研究课题。

（3）科学分析政府行为在市场中的影响。如何深入地剖析政府行为对农村金融市场的影响，是一个广阔的研究领域，政府行为的复杂性和不确定性使得经济学很难科学量化研究，比如不同的政府组织结构，使得同样的政策在其执行中会产生不同的效力，会对不同地区的农村金融发展进程产生怎样不同的影响，等等。这些问题不仅具有重要的现实意义，而且具有很高的理论价值。

参 考 文 献

［1］爱德华·肖. 经济发展中的金融深化［M］. 上海：三联书店，1988.

［2］布坎南. 民主财政论［M］. 北京：商务印书馆，1993.

［3］蔡昉，都阳，王美艳. 户籍制度与劳动力市场保护［J］. 经济研究，2001（12）：41-49.

［4］曹艺，才凤玲，苗闫. 关于我国村镇银行经营模式的现实思考［J］. 中国集体经济，2009（3）：81-82.

［5］柴瑞娟. 村镇银行股权结构研究［J］. 法学杂志，2010，31（2）：125-127.

［6］陈军. 农村金融深化与发展评析［M］. 北京：中国人民大学出版社，2008.

［7］陈荣荣. 中国经济增长：制度因素分析［M］. 北京：社会科学文献出版社，2005.

［8］陈潭，刘兴云. 锦标赛体制、晋升博弈与地方剧场政治［J］. 公共管理学报，2011，8（2）：21-33.

［9］陈天宝. 对产权制度与经济增长关系的理论探讨［J］. 北京农业职业学院学报，2004，18（3）：28-31.

［10］陈雨露. 农村金融论纲［M］. 北京：中国金融出版社，2010.

［11］陈宗胜. 收入分配，贫困与失业［M］. 天津：南开大学出版社，2000.

［12］丁忠民. 村镇银行发展与缓解农村金融困境研究——以城乡统筹试验区重庆市为例［J］. 农业经济问题，2009（7）：49-53.

［13］杜晓山. 商业化、可持续小额信贷的新发展——德国、阿尔巴尼亚和乌克兰小额信贷的研讨和考察［J］. 中国农村经济，2003（10）：77-79.

［14］杜晓山. 建立可持续性发展的农村普惠金融体系［J］. 金融与经济，2007（2）：33-34.

［15］杜晓山. 中国农村小额信贷的实践尝试［J］. 中国农村经济，2004（2）：7-11.

［16］傅航. 农村资金互助社暂停贷款的背后［J］. 中国合作经济，2007（8）：44-45.

［17］冯匹斯克. 发展中经济的农村金融［M］. 北京：中国金融出版社，1990.

［18］冯兴元，何梦笔，何广文. 试论中国农村金融的多元化——一种局部知识范式视角［J］. 中国农村观察，2004（5）：17-29.

［19］高帆. 我国农村中的需求型金融抑制及其解除［J］. 中国农村经济，2002（12）：68-72.

［20］高宏霞，史林东. 中国农村金融制度变迁的路径突破——基于机制设计理论的比较分析［J］. 农村经济，2011（4）：72-75.

［21］高晓燕. 基于供给视角的农村金融改革［J］. 财经问题研究，2007（11）：59-63.

［22］盖尔·克拉默. 农业经济学和农业企业［M］. 北京：中国社会科学出版社，1994.

［23］顾宇娟. 格莱珉银行模式与我国农村金融改革相关问题分析［J］. 商业经济研究，2008（14）：74.

［24］郭翔宇. 论合作社的定义、价值与原则［J］. 东北农业大学学报（社会科学版），2003（1）：29-32.

［25］国务院发展研究中心课题组. 转变经济发展方式的战略重点［M］. 北京：中国发展出版社，2010.

［26］韩俊. 统筹城乡经济社会发展改变城乡二元结构［J］. 红旗文稿，2003（12）：14-18.

［27］何广文，欧阳海洪. 把握农村金融需求特点，完善农村金融服务体系［J］. 中国金融，2003（11）：14-16.

［28］胡金众. 非正规金融与小额信贷：一个理论述评［J］. 金融研究，2004（7）：123-131.

[29] 怀特. 文化科学 [M]. 杭州：浙江人民出版社，1988.

[30] 贾根良. 法国调节学派制度与演化经济学概述 [J]. 经济学动态，2003 (9)：56 – 59.

[31] 简新华. 中国经济结构调整和发展方式转变 [M]. 济南：山东人民出版社，2009.

[32] 姜国强. 经济增长方式转变的逆向制度安排与矫正 [J]. 现代经济探讨，2010 (11)：62 – 65.

[33] 姜太碧. 统筹城乡协调发展的内涵和动力 [J]. 农村经济，2005 (6)：13 – 15.

[34] 姜旭朝，丁昌锋. 民间金融理论分析：范畴、比较与制度变迁 [J]. 金融研究，2004 (8)：100 – 111.

[35] 姜作培. 制度创新是城乡统筹发展的关键 [J]. 上海农村经济，2003 (8)：4 – 6.

[36] 焦瑾璞. 小额信贷在中国 [J]. 中国金融家，2007 (4)：147.

[37] 景天魁，唐钧. 他们在创建就业的"天堂"——对杭州市构建社区劳动保障工作平台体制创新的调查 [J]. 中国就业，2003 (2)：13 – 17.

[38] 科斯. 财产权利与制度变迁 [M]. 上海：三联书店，2005.

[39] 柯武刚，史漫飞. 制度经济学——经济秩序和公共政策 [M]. 北京：商务印书馆，2000.

[40] 孔凡文，许世卫. 中国城镇化发展速度与质量问题研究 [M]. 沈阳：东北大学出版社，2006.

[41] 拉坦. 诱致性制度变迁理论 [M]. 上海：三联书店，2005.

[42] 兰虹，张华，刘容. 统筹城乡发展背景下的农村金融组织创新 [J]. 西南金融，2011 (11)：57 – 59.

[43] 雷蒙德·W. 戈德史密斯. 金融结构与发展 [M]. 北京：中国社会科学出版社，1993.

[44] 李刚. 我国农村金融发展与农村经济增长 [D]. 西安：西北大学，2006.

[45] 李锐，朱喜. 农户金融抑制及其福利损失的计量分析 [J]. 经济研究，2007 (2)：146 – 155.

［46］李树琮. 中国城市化与小城镇发展［M］. 北京：中国财政经济出版社，2002.

［47］李似鸿. 金融需求、金融供给与乡村自治——基于贫困地区农户金融行为的考察与分析［J］. 管理世界，2010（1）：74－87.

［48］李天柱. 格莱珉模式与中国村镇银行的运营策略和风险控制研究［D］. 西安：西安电子科技大学，2008.

［49］李永杰，张建武. 构建城乡统筹就业机制的条件及对策［J］. 华南师范大学学报（社会科学版），2002（4）：28－34.

［50］林光彬. 等级制度、市场经济与城乡收入差距扩大［J］. 管理世界，2004（4）：30－40.

［51］林毅夫. 再论制度、技术与中国农业发展［M］. 北京：北京大学出版社，2003年.

［52］林毅夫. 金融改革与农村经济发展［J］. 上海改革，2003（10）：27－31.

［53］林毅夫，蔡昉，李周. 中国的奇迹：发展战略与经济改革［M］. 上海：上海人民出版社，1999.

［54］刘国新. 中国特色城镇化制度变迁与制度创新研究［D］. 长春：吉林大学，2009.

［55］刘洁. 我国小额贷款公司运营模式分析及政策建议［D］. 上海：上海师范大学，2010.

［56］刘伟，黄桂田. 中国银行业改革的侧重点：产权结构还是市场结构［J］. 经济研究，2002（8）：3－11.

［57］刘雅祺，张非，王清漪. 微型金融的发展现状及我国特色模式［J］. 农村金融研究，2008（10）：52－56.

［58］卢现祥，朱巧玲. 新制度经济学［M］. 北京：北京大学出版社，2007.

［59］陆磊. 以行政资源和市场资源重塑三层次农村金融服务体系［J］. 金融研究，2003（6）：106－124.

［60］罗斌，殷善福. 论城乡就业统筹的必要性［J］. 农业经济问题，2001，22（5）：35－38.

［61］麻永爱，章也微. 农村资金互助社信用风险与防范［J］. 云南民族大学学报（哲学社会科学版），2011，28（3）：86－91.

［62］马骁. 统筹城乡发展的内涵与财政政策选择［J］. 财经科学，2008（12）：7－9.

［63］马克思. 资本论（第1卷）［M］. 北京：人民出版社，1975.

［64］马勇，陈雨露. 农村金融中的政府角色：理论诠释与中国的选择［J］. 经济体制改革，2009（4）：86－91.

［65］麦金农. 经济发展中的货币与资本［M］. 上海：三联书店，1988.

［66］诺斯. 经济史中的结构与变迁［M］. 上海：三联书店，1994.

［67］钱纳里. 发展的形式：1950—1970［M］. 北京：经济科学出版社，1988.

［68］青木昌彦. 比较制度分析［M］. 上海：上海远东出版社，2001.

［69］任国强，刘刚，桂玉帅. 中国农村金融组织创新研究评述［J］. 经济问题探索，2012（3）：78－85.

［70］阮勇. 村镇银行发展的制约因素及改善建议——从村镇银行在农村金融市场中的定位入手［J］. 农村经济，2009（1）：55－57.

［71］邵传林. 金融"新政"背景下农村资金互助社的现实困境——基于2个村的个案研究［J］. 上海经济研究，2010（6）：27－35.

［72］徐沈. 中国新型农村金融组织发展研究［D］. 北京：中共中央党校，2012.

［73］石磊. 中国农业组织的结构性变迁［M］. 太原：山西经济出版社，1999.

［74］舒尔茨. 制度与人的经济价值的不断提高［M］//科斯等. 财产权利与制度变迁. 上海：三联书店，2005.

［75］宋立. 实现城乡金融服务均等化的制度安排［J］. 人民论坛，2011（27）：66.

［76］田剑英. 乡村银行及其对发展我国新型农村金融组织的启示［J］. 浙江万里学院学报，2009，22（1）：49－53.

［77］汪立鑫. 经济制度变迁的政治经济学［M］. 上海：复旦大学出版社，2006.

[78] 王重润，卢玉志. 农村金融供给不足的原因与对策研究——基于市场失灵的视角 [J]. 农村金融研究，2008（6）：51-53.

[79] 王芳. 我国农村金融需求与农村金融制度：一个理论框架 [J]. 金融研究，2005（4）：89-98.

[80] 王曙光. 草根金融 [M]. 北京：中国发展出版社，2008.

[81] 王醒男. 基于需求与发展视角的农村金融改革逻辑再考 [J]. 金融研究，2006（7）：53-64.

[82] 王莘航. 关于发展农村资金互助社合作组织的思考 [J]. 农业经济问题，2008（8）：61-65.

[83] 王娅兰. 我国城乡发展不平衡与新农村建设 [J]. 中国市场，2007（5）：108.

[84] 王元. 农村金融不完全竞争市场理论与国外经验借鉴 [J]. 华北金融，2008（11）：25-27.

[85] 王振山. 金融效率论——金融资源配置的理论和实践 [M]. 北京：经济管理出版社，2000.

[86] 韦廷柒. 当前我国城乡经济协调发展面临的主要问题与对策 [J]. 中国软科学，2004（8）：132-135.

[87] 肖万春. 城镇化：农村生产要素的吸纳与支援 [J]. 改革与开放，2003（10）：29-30.

[88] 肖宗富，胡跃骏. 新型农村金融组织实践比较研究 [J]. 浙江金融，2010（12）：13-15.

[89] 谢丽霜. 西部欠发达地区农户融资需求分析与政策选择——基于对广西罗城、田阳、靖西县的调查 [J]. 改革与战略，2007（2）：92-95.

[90] 谢平. 中国农村信用合作社体制改革的争论 [J]. 金融研究，2001（1）：1-13.

[91] 谢识予. 经济博弈论 [M]. 上海：复旦大学出版社，2002.

[92] 谢玉梅. 农村金融深化政策与路径研究 [D]. 南京：南京农业大学，2007.

[93] 吴永红，郭晓鸣. 中国农村合作金融的发展与选择 [J]. 中国农村经济，2001（10）：50-53.

［94］严盛虎. 小额信贷：持续发展有赖创新［J］. 江苏农村经济，2004（6）：38 – 39.

［95］姚树洁，冯根福，姜春霞. 中国银行业效率的实证分析［J］. 经济研究，2004（8）：4 – 15.

［96］姚耀军. 中国农村金融发展状况分析［J］. 财经研究，2006，32（4）：127 – 134.

［97］姚耀军，鲁军. 中国农村金融发展的规模、结构与效率［J］. 改革，2004（5）：56 – 63.

［98］杨宝剑. 基于政治锦标赛制的地方官员竞争行为分析［J］. 经济与管理研究，2011（9）：29 – 34.

［99］杨生斌. 农村金融制度改革论［D］. 杨凌：西北农业大学，1995.

［100］杨淑慧，郦勇，周陈曦. 我国农村金融改革路径的探求与建议——基于新型农村金融四类机构创设视角［J］. 金融与经济，2008（11）：19 – 21.

［101］杨娴婷，杨亦民. 农村新型金融组织的双重目标：矛盾、原因及对策［J］. 农村经济，2012（4）：60 – 64.

［102］杨序琴. 小额信贷发展的占优均衡：福利主义宗旨与制度主义机制的有机融合［J］. 金融理论与实践，2007（2）：23 – 25.

［103］叶兴庆. 努力延续城乡居民收入差距缩小的势头［J］. 中国发展观察，2012（5）：25 – 27.

［104］叶振东. 小额信贷的核心机制及实践［D］. 北京：中国人民大学，2007.

［105］易宪容，黄少军. 现代金融理论前沿［M］. 北京：中国金融出版社，2005.

［106］易小兰，钟甫宁. 农户贷款利率改革的福利分析——以江苏、河南与甘肃农村信用社为例［J］. 农业经济问题，2011（4）：42 – 48.

［107］尹晨，严立新. 中国农村金融改革与发展战略刍议［J］. 毛泽东邓小平理论研究，2012（1）：52 – 57.

［108］应雪林. 怀特的文化决定论评析［J］. 浙江学刊，1998（2）.

［109］曾康霖，蒙宇，刘楹. 论县域金融制度变迁与创新——对一组经济欠发达地区县域金融制度安排的剖析［J］. 金融研究，2003（1）：82 – 89.

［110］赵小晶，杨海芬，王建中．新型农村资金互助社研究［J］．农村金融研究，2009（5）：69－73．

［111］张杰．中国农村金融制度：结构、变迁与政策［M］．北京：中国人民大学出版社，2003．

［112］张杰．解读中国农贷制度［J］．金融研究，2004（2）：1－8．

［113］张军．信用社改革及其与区域金融市场的影响——浙江苍南县信用社改革考察［J］．中国农村观察，2004（5）：30－37．

［114］张军．制度、组织与中国的经济改革（改革后中国农村的非正规金融部门：温州案例）［M］．上海：上海财经大学出版社，2004．

［115］张秋．城乡统筹制度的逆向安排及其矫正［J］．财经科学，2009（10）：118－124．

［116］张炎．我国村镇银行的立法缺陷与补救研究［J］．西部法学评论，2009（4）：123－127．

［117］张迎春．统筹城乡发展与完善农村金融体系研究［D］．成都：西南财经大学，2004．

［118］张雨润．政府在中国农村金融创新中的地位和作用［J］．安徽大学学报（哲学社会科学版），2008，32（6）：106－111．

［119］张元红．当代农村金融发展理论与实践［M］．南昌：江西人民出版社，2002．

［120］章国荣，盛来运．城乡居民收入差距扩大化及对策［J］．调研世界，2003（8）：6－9．

［121］中国社会科学院农村发展研究所农村金融课题组．农民金融需求及其金融服务［J］．中国农村经济，2000（7）：55－62．

［122］周才云．中国农村金融发展的困境、成因及其破解［J］．技术经济及管理研究，2011（4）：115－118．

［123］周黎安．晋升博弈中政府官员的激励与合作——兼论我国地方保护主义和重复建设问题长期存在的原因［J］．经济研究，2004（6）：33－40．

［124］周黎安．转型中的地方政府：官员激励与治理［M］．上海：上海人民出版社，2008．

［125］周黎安，陶婧．官员晋升竞争与边界效应——以省区交界地带的

经济发展为例［J］. 金融研究, 2011 (3): 15 - 26.

［126］周立. 中国各地区金融发展与经济增长 (1978—2000)［M］. 北京: 清华大学出版社, 2004.

［127］周立. 农村金融市场四大问题及其演化逻辑［J］. 财贸经济, 2007 (2): 56 - 63.

［128］周立. 农村金融体系的市场逻辑与中国经验［J］. 中国乡村研究, 2007 (5): 75 - 93.

［129］周其仁. 产权与制度变迁——中国改革的经验研究［M］. 北京: 社会科学出版社, 2002.

［130］周小川. 关于农村金融改革的几点思路［J］. 经济学动态, 2004 (8): 10 - 15.

［131］周业安. 金融市场的制度与结构［M］. 北京: 中国人民大学出版社, 2005.

［132］周业安, 冯兴园, 赵坚毅. 地方政府竞争与市场秩序的重构［J］. 中国社会科学, 2004 (1): 56 - 65.

［133］朱守银, 张照新, 张海阳, 等. 中国农村金融市场供给和需求——以传统农区为例［J］. 管理世界, 2003 (3): 88 - 95.

［134］BERGER A N, UDELL G F. The Economics of Small Business Finance: The Role of Private Equity and Debt Market in the Financial Growth Cycle ［J］. Journal of Banking and Finance, 1998: 25.

［135］GALBIS V. Financial Intermediation and Economic Growth in Less Developed Countries: A Theoretical Approach ［J］. Journal of Development Studies, 1977: 1.

［136］GALOR O, ZEIRA J. Income Distribution and Macroeconomics ［J］. Review of Economic Studies, 1993: 60.

［137］GREENWOOD J, JOVANOVIC B. Financial Development, Growth and the Distribution of Income ［J］. Journal of Political Economy, 1990: 98.

［138］KARNANI A. Employment Not Microcredit Is the Solution ［J］. Journal of Corporate Citizenship, 2008: 32.

［139］RAYMOND W G. Financial structure and development ［M］. New

Haven: Yale University Press, 1969.

[140] ROODMAN D, MORDUCH J. The Impact of Microcredit on the Poor in Bangladesh: Revisiting the Evidence [J]. Center for Global Development, Working Papers, 2009.

[141] ROSENBERG R. Does Microcredit Really Help Poor People [J]. CGAP Focus Note, 2010: 59.

[142] SMITH A. The Theory of Moral Sentiments [M]. New York: Oxford University Press, 1976.

[143] WADE R. Governing the Market: Economic Theory and the Role Of Government in East Asian industrialization [M]. New Jersey: Princeton University Press, 1990.